大数据俱乐部丛书

跬步

FinTech大数据基金黑马诞生实录

卢德夫　夏高　柴彬　著

知识产权出版社
全国百佳图书出版单位

图书在版编目（CIP）数据

跬步：FinTech大数据基金黑马诞生实录/卢德夫，夏高，柴彬著.
—北京：知识产权出版社，2017.1
ISBN 978-7-5130-4631-2

Ⅰ.①跬… Ⅱ.①卢… ②夏… ③柴… Ⅲ.①互联网络－应用－金融－研究 Ⅳ.①F830.49

中国版本图书馆CIP数据核字(2016)第299556号

内容提要

FinTech不仅仅是一个概念，它已经是未来世界金融市场发展的一个方向。大成中证360互联网+大数据100指数基金的研发团队成员作为本书作者站在第三者角度，真实还原了大成中证360互联网+大数据100指数基金的研发和上市过程，深入探讨了金融科技从学术成果转化为现实生产力的可行性，并展望了FinTech技术的未来。同时，本书还生动刻画了一大批中国FinTech领域知识分子群像。

责任编辑：李　婧　　　　**责任出版**：刘译文

跬步

FinTech大数据基金黑马诞生实录

卢德夫　夏高　柴彬　著

出版发行：知识产权出版社有限责任公司
网　　址：http: // www. ipph. cn
http: // www. laichushu. com
电　　话：010－82004826
社　　址：北京市海淀区西外太平庄55号
邮　　编：100088
责编电话：010－82000860转8594
责编邮箱：549299101@qq.com
发行电话：010－82000860转8101 / 8029
发行传真：010－82000893 / 82003279
印　　刷：北京中献拓方科技发展有限公司
经　　销：各大网上书店、新华书店及相关专业书店
开　　本：720mm×1000mm　1/16
印　　张：12.5
版　　次：2017年1月第1版
印　　次：2017年1月第1次印刷
字　　数：175千字
定　　价：32.00元
ISBN 978-7-5130-4631-2

本书不构成任何投资建议，
基金有风险，投资需谨慎。

前言

就职业发展而言，本书的作者及书中所提及的人士，多数都是因为极其偶然的原因进入了金融行业或互联网行业，且耕耘多在十年以上。正如迈克尔·杰克逊在*Man In The Mirror*（《镜中人》）中所唱："是时候了解这一切，有的人无家可归，无钱还债，我是谁？是瞎子吗？若要让这个世界更美好，就从镜中之人做起，审视自己，做出改变。"

当我们回顾十余年的职业旅程，当我们问自己，为什么要从事这个行业、初心何在时，我们提醒自己最重要的一点：金融的目的是为了让人们生活得更幸福，而追求幸福，是人与生俱来的权利。互联网的目的，是用0和1连接大千世界与芸芸众生。而金融与互联网的联合，将使所有的数字更有温度。

为了实现上述目的，一批又一批同道中人在以自己微薄的力量去推动巨大的金融机器，并不断地自我进化、自我完善，以投资者的利益和社会的福祉为最终的皈依。因为他们深知金融的背后，是人们对自由的不懈追寻——而财务自由，是一切自由的基础。

本书记录了2015年"股灾"前后，一群志在通过大数据与FinTech锐意创新的金融从业者和互联网从业者如何攻坚克难，打造出一只业绩突出、别具特色和影响力的大数据基金的全过程。既技术性地剖析了大数据金融的具体应用案例，也纪实性地记录了这一批从业者、创业者的心路历程，以及他们饱含情怀、贴地飞行的群像剪影。其中，还有"股灾"的刀光剑影，市场的波诡云谲，人性的重叠曲折……

人们生活在一个充满不确定性的世界，风险是每个人必然面临的课题。非常遗憾的是，我们面临的具体世界，并不服从大数定律，在我们有限的一生中，它更多服从小数定律、随机分布，正如杜牧所言："（世界）如丸之走盘，纵横圆直不可尽知，其必可知者，是知丸之不可出于盘也。"在不确定条件下做出决策，我们每个人都成为了投资人，手中真正的筹码，就是时间。

大数据与机器的崛起，在金融及各其他行业，为我们描绘了一个新天新地。本书作为FinTech中国之路的一个记录，也希望以若干案例、微小努力，向一个新时代提前致以我们的敬意。

2016年12月

目 录 contents

第一章 蝶变

KUT BU

第一节　从百发出发

众里寻他千百度，蓦然回首

那人却在灯火阑珊处

——辛弃疾《青玉案·元夕》

长江后浪推前浪，前浪起于微澜，成就后浪冲得更高、更远。多年以后回头看看，曾经看似同业对手，却也正是同道而行的师友。

后浪汹涌

2016年中秋，乌镇的某中式酒店，大堂里挂着辛弃疾的这首词。已经很久没用过PC的柴彬用大堂的电脑打发等人的时间，干净的桌面上清一色的360产品：360安全浏览器、360安全卫士……这些工具他用得和往常一样顺溜，但今天用起来却有种特别的亲切感。因为今天他要给一些国外银行的朋友分享一下他所在的大成基金与互联网巨头360两个团队最近一年投入巨大精力研发的一个创新产品——“大成中证360互联网+大数据100指数基金”（下文简称“360互联网+大数据指数基金”或“360互联+基金”）。这个产品的表现可以用“闪瞎眼”来形容：7个月的收益达到近25%，[1]在2016年新发行的偏股型基金中排名第二。老外们对于过往应用在对冲基金上的技术应用于公募基金能否奏效曾经持保留意见。然而，曾轰动一时的“百度百发100指数”已经让他们惊诧过一次；此时，“360互联网+大数据指数基金”的业绩表现更让他们耳目一新。

“Hey!”老朋友的声音打断了柴彬的思绪，“我已经等不及要听听你们的故事。”

“我的私人账户应该多买一些，没想到表现这么好。”

“这个跟百发100的区别是什么？”

[1] 大成中证360互联网+大数据100指数基金自2016年2月3日成立到9月8日，收益率达到24.9%（基金的过往业绩并不预示其未来表现）。同期创业板指数上涨7.14%，中证500指数上涨16.67%，沪深300指数上涨12.77%。除特别说明外，数据均来源于wind资讯，下同。

……朋友们你一言我一语，倒让柴彬不知道该从何说起了。他的脑子里在放电影：两年间，他见证了两大互联网巨头与金融机构的合作，两个创新型大数据基金横空出世，欢笑、泪水、成功、挫败、收获、损失……过去的一幕幕，团队的每一个人的辛勤付出和天马行空的想象力，都让他难以忘怀。

"没错，这是后浪。"他终于想好了开场白。他的第一张PPT是一组图表，所有市面上的大数据基金一览无余。

转折再转折

2005年，在一年的教师生涯结束后，柴彬选择了加入传媒行业，做互联网舆情研究，这一做就是四年。回想这一段有时能以"枯燥"来形容的工作经历，柴彬却觉得很幸运。每天收集和筛选信息，处理并研判，看似重复的工作背后，10年互联网浪潮涌动的方向却渐渐清晰。

无独有偶，就在这四年间，中国网民也经历了2006年到2007年的超级大牛市，经历了载入史册的"5·30"事件，经历了空前高点6124，经历了"壮士一去不复返"的牛熊切换。他看到了股民"每日钱扔进去就生钱"的狂喜，看到了实业家面对"辛苦一年不如炒一只股票"的无奈，看到了"半夜鸡叫"后五个跌停的惨烈，看到了市场走熊后人们的不甘心……这任何天才编剧也编不出来的剧情让他隐隐感觉到时代正在多重力量的交织下产生巨变，而金融的魔力与日俱增。

于是，一个偶然的机会，柴彬转身走进了招商银行总行。在零售银行部工作的两年间，他和同事们一起做出了当时中国第一个直销银行"i理财"。

"我们当时想尝试些新的东西，创新永远是边缘的，但我们内心中相信一句话，边缘是未来的中心。”

就这样，时间来到2011年。这一年，中国互联网的搜索霸主百度刚刚过完10周岁生日。尽管在外界看来，这家巨头并没有什么做出改变的动力，但历史却总是被少数人改变。加入广发基金互联网金融部，参与并见证了互联网金融的第一波浪潮使得接近而立之年的柴彬迎来了人生中的再一次大转折。

跟余额宝掰手腕

从2012年下半年起，柴彬开始在广发基金互联网金融部负责货币基金支付产品，他的一个主要任务是与财付通团队一起研发支付账户里沉淀资金的余额理财问题。当时他们并不知道，广发+腾讯理财通和天弘+阿里支付宝同时在研发这个产品。结果有些让人遗憾，2013年6月中旬，余额宝解决了“基金投资子账户”这个技术性障碍，率先问世，并在按证监会要求补充说明后正式推出，6月底被市场广泛认可。那段时间，正值柴彬的孩子出生，在产房里和当时财付通项目对接人谭广锋通电话商量对策的情景历历在目，难以忘怀。

而余额宝的横空出世，揭开了中国互联网金融的大潮，所有的新闻都在关注这个产品，更多的人在忙着把银行存款搬进支付宝账户，金融的历史再一次被改写了。无疑，这对市场、对投资者而言，是一件大事，一件幸事。但对于几乎同时开始研发这一产品的广发基金团队和财付通团队而言，不能不说，留有深深的遗憾。

时间到了2013年年底。

时任广发基金互联网金融分管领导的肖雯，人称“基金电商一姐”，极富创新精神。那段时间，团队想得最多的是：除了余额宝，互联网金融下一个创新的爆点在哪里？

于是在冬日刺骨的寒风中，柴彬跟随时任广发基金互联网金融部副总经理的刘文红北上，敲开了百度的大门。当时百度金融已经悄然诞生，加入百度不久的孟庆魁和柴彬的同事们开始了一场漫无边际的头脑风暴，时而亢奋，时而沉默。

“我们可以用章鱼保罗的方式来挑选股票吗？或者猴子扔飞镖。来看看这样随机选择的股票，能打败市场上多少主动基金。”

这个带有明显恶搞性质的点子，大家一致觉得非常有趣。虽然这个创意事后因为某种原因被否决了，但是“要搞点新意思”的想法在两个团队的脑海中开始生根发芽。

2014年年初，双方最终确定对百度的互联网大数据进行深度挖掘，从中找到择股的依据。广发基金互联网金融部跟进项目，量化与指数投资部季峰担纲量化建模工作，周盛负责技术支持，一个临时的班底搭建起来了。

与余额宝掰掰手腕较量一番，这句话大家都没说破。

金融人初探大数据

季峰，金融工程博士，深交所综合研究所博士后，身材魁梧，沉稳憨厚，戴着一副黑边眼镜，有时候给人一种小号版安西教练的既视感。喜欢旅游、读书、运动，崇尚大道至简。

2014年7月8日，百发100指数正式发布，9月17日，指数基金正式获批，10月20日开始发售，10月30日正式成立。

季峰当时对这只产品进行了如下诠释：“很多人问百度大数据起到了什么作用？首先，百度目前是中文搜索全球第一的，在搜索领域它涵盖的面以及数据量非常庞大。百度的日搜索量大概是60亿条，这个相当于6000个国家图书馆的流量，可以说是一个海量的数据。每天投资者网上的一个点击，就有可能改变一个资本市场或者是某一条指数的走势。一些投资者的部分持仓股或在很长一段时期内处于亏损状态，通过网络行为可能展现出来的是一种类似于噪声的数据，这种数据对我们整个模型建模过程来讲也是非常有意义的。我们不光是要分析大数据背后有价值的信息，那些所谓可能亏钱的，背后所隐含的一些数据也要提炼出来。这就是我们整个模型以及我们整个团队通过百度背后的大数据和云计算来做最终的提炼，再经过二次加工，放到模型里与A股数据进行结合，创新出的百发100指数产品。”

“百度的金融大数据可以比较直接地度量我们投资者关注度的指标。它这种关注度实际上是一个市场情绪的指标，比如我们可以通过A股的交易量、换手率，比较直接的一些数据或者指标去衡量。另外，还可以用一些间接的指标，比如说用网络问卷的方式，比如华尔街可能找一些专业人士对未来的市场行情进行判断，做一个问卷调查，相当于一个间接的数据。这两大类数据反映了整个市场情绪，但百度的这个大数据可能是最贴近整个投资者市场的。”

“这里面还有一个逻辑，所谓关注度这个概念实际上应该属于心理学当中的一个概念。1976年的时候，诺贝尔经济学奖获得者卡雷曼就提出了一个概念叫作有限关注度，他认为当人面对海量信息的时候，没有办法编辑所有的信息，比如A股的一个投资者，在面对2600多只股票的时候能记住的股票其实很少，记得住的可能是以前关注过或者交易过的。我们就会把这一类数据提出来，它背后还隐含了一个含义是什么？当投资者去购买股票的时候，一定会产生关注，专业的投资者可以通过一些年报、一些卖方的报告去获取上市公司的信息进而分析，但一般的投资者是没办法看到这些数据的，这时候第一想到的可能就是去百度搜索，在搜索框输入代码或者股票名称，这样的一个网络行为就暴露了投资者的关注点。百度的人工智能、百度的搜索技术在这当中起到这样一个作用。”

“传统的指数像‘沪深300’和‘中证500’这些市场的核心指数，一般是每六个月定期调仓一次，我们这条指数是每个月去定调一次。为什么选择一个月定调一次呢？是因为中国的市场板块和行业轮动的风格，它的切换是比较频繁的，如果采用一种策略或者选择某一类股票，持续持有六个月的话，可能超额收益就没有持有一个月超额收益来得多。对于采用定调是一个月、三个月、六个月或者是用更短的时间，是经过多方角度分析后综合考虑的最优选择。”

“如果把频率提高，比如说每半个月或者每一周，这样选出来的股票组合的业绩可能要比现在好很多，但对整个投资策略来讲，是要尽量避免市场上的被爆炒的这种股票。百发100指数所选择的一个组合或者它的一百只股票，需要满足两个要求：第一，它的基本面必须要优良；第二，它是未来有一定成长空间的具有投资价值的股票。”

跟踪百发100指数的基金，幸运地遇上了新一轮牛市的起点，在广发基金、兴业银行和百度三个平台完成了20多亿元的首发规模。英国《金融时报》打来电话，称这是全球第一只大数据公募基金。随后，广发基金成立了专门的数据策略投资部，按照公司的战略布局，专注于大数据产品研发，在百发100之后，陆续又推出多款产品。

暗礁在哪里

然而，正如“百度”这个名字的来源、辛弃疾的词作“众里寻他千百度，蓦然回首，那人却在灯火阑珊处”所描绘的那样，百发这个产品的前世今生蕴含了非常多的曲折。

项目来了，数据来了，一个月、两个月、三个月乃至更多的时间过去了，大数据里的投资逻辑在哪里？没有一个现成的案例可供参考，国外的大数据应用也全都是对冲基金，这跟公募特别是公募指数的玩法差异太大。一边是公司和百度的巨大期望，一边是模型始终没有打磨成熟，季峰和他的技术搭档周盛甚至想到过放弃，许多个不眠之夜，凌晨两三点他们还在借酒消愁……

2014年7月8日，“中证百度百发策略100指数”终于成功发布，这个创新的产品的确给了这个团队和整个行业一把打开FinTech（金融科技）之门的钥匙，其创新意义不逊于余额宝。

柴彬开始认真思考另一个问题。大数据金融如果确实是一条光明大道，那么它的核心除了大数据处理与量化建模能力之外，是否还在于“大数据”的“大”呢？中国市场上主流的大数据源有哪些？能以金融作为一个切入口，打通这些数据孤岛吗？百发探路的过程很明显地告诉世人，暗礁是存在的。那么暗礁究竟在什么地方？

带着这些疑问，2015年5月，柴彬加入了大成基金。大成基金将互联网金融定位为公司战略，分管领导、大成基金副总经理、首席战略官温智敏更是率先提出了“互联网+大数据+人工智能”的发展路径，根据这个路径，他开始着手组建互联网金融部。柴彬发现，首先要解决的是数据孤岛的问题。按照这个思路，他陆续接触了同花顺、雪球、普林科技，于是在交易、社区、全球公开财经这几大数据领域的合作伙伴有了。还缺谁呢？

就在刚入职的第一周，柴彬随温智敏来到了360集团。这家拥有8亿手机用户量的互联网巨头，彼时已经成为国内第一大安全厂商、第二大搜索引擎，旗下的360导航是国内最大的网址导航站。“这是一座大数据的金矿！”柴彬难忘当时的兴奋。

命运会让志同道合者相遇。传奇的798工厂门口，柴彬见到了当时刚刚起步的你财富团队联合创始人卢德夫，后者在离开百度、加盟360两年后，开始了艰苦的360内部创业。有意思的是，素未谋面的二人迅速地找到了共同的话题：如何把360的巨大流量转化为金融购买和消费，如何把360藏着的大数据挖出来炼金。聊着聊着，柴彬想到了他新近认识的同事，大成基金量化基金经理夏高。

“夏博，我今天遇到了一个有意思的人，咱们可以一块儿做件很酷的事情。”

第二节　我不是华尔街码农

Money isn't money, but a scorecard signifying a theoretically cold and objective qualification of bitterness and one-upmanship.

——美剧《亿万》

0和1的世界，在大多数人看来是没有温度的。但对于那些热爱在字符间寻找别人看不见的有趣事物的程序员们来说，这个世界，金光灿灿，妙不可言。

泡沫之夏

第一次互联网泡沫破灭的那年，19岁的广西少年夏高走进了清华园。直到来到五道口的那一天，他还只会用电脑上的浏览器看看世界。编程，对这个计算机系的“80后”新生来说还没什么概念。“不过压根儿没想过有什么难的。”学霸的世界，碾压困难是常态。“倒是因为看到互联网泡沫破灭的新闻，让我对互联网的世界更加好奇，感觉它会改变很多东西。”

但那个泡沫之夏终结在举世震惊的“9·11”事件当中。全世界的电视里一遍又一遍地播放双子塔被撞、倒塌的惨烈场景。那一天消失的生命当中，许多是和夏高一样智商超群的精英。“半个华尔街没了。”夏高回忆起来，新闻里让他印象最深的是这句话。他忘不了很多人在绝望中从双子塔纵身跃下那令人心碎的一幕，以至于六年后他去美国做交换生时，还专门去了其实只是一条很窄很窄的小路的华尔街，专门去了“9·11”废墟纪念馆。

生命的消逝只是一瞬间，可他们留在世上的创造却是隽永的。这个认识贯穿了夏高的整个求学时代。大二的暑假他已经开始去打工写程序，当时的报酬是一个月5000元人民币。“我用两个月的辛苦买下了人生第一台IBM笔记本电脑。”夏高挺自豪，如今他还珍藏着那台“小黑”。彼时，五道口华清嘉园小区开盘，售价5000元/平方米，到如今售价已接近10万元/平方米。“错过了十年大牛房市呀！”他挺遗憾自己当时没有投资意识。

但夏高没有错过接下来波澜壮阔的资本市场十年。相反，他随着K线图的波浪起舞，走上了金融工程师的道路，也成了中国最早的FinTech参与者之一。

“5·30”后专攻金融

2006年至2007年的大牛市，是中国资本市场不能不书的一笔。2005年5月，管理层启动股权分置改革试点，上证指数从2005年6月6日的1000点附近再次启动。2006年5月9日，上证指数终于再次站上1500点。2006年12月14日，上证指数刷新历史最高纪录，收于2249.11点。2007年2月26日，大盘首次站上3000点大关。2007年5月9日，大盘首次站上4000点大关。2007年10月16日，大盘创造历史最高点6124.04点。

有网友这样回忆这一次大牛市：“只要你敢买股票就能赚大钱。这种巨大的赚钱效应，使每一个股民的胆子越来越大，而市场也确实如此，每一次下跌都能轻松拉起。冷清的营业部恢复了生机，热闹异常，交易机前人头攒动。大户室里又坐得满满当当，曾经亏得一塌糊涂的老股民也回到股市了。而营业部甚至牺牲了节假日的休息时间，马不停蹄地给股民办各种讲座。”

夏高也跃进了这股狂潮之中。在那个好像买什么都赚钱的特殊时期，这个新手的确颇有斩获。他买基金、买股票，每天都在兴奋地尝试。每个认识夏高的人对他都有个共同的印象：笑眯眯的娃娃脸，话很少，脑洞很大。“那时候我已经直博了，开始想学些计算机专业以外的东西。”

可是，学霸也没有逃脱当新“韭菜”的命运。2007年的“5·30”悄然来袭，不少股票连续五个跌停。夏高平盘出局，随后他开始去美国交流学习。在美国，他白天在实验室干活，晚上看A股，而且他依然保持着每天看与股市相关统计数据的习惯。一段时间以后，他留意到了一组统计数据：上证指数跨越2200点后，只有70%左右的股民盈利或持平，还有30%亏损，能跑赢大盘或与大盘同步的股民只有10%左右。有分析指出，面对牛市行情，一种很奇特的心态在市场蔓延：怕涨。持续上涨让空仓者失去了建仓机会，持续大涨也让持股者害怕大幅回调，老股民太谨慎，新股民太疯狂。

这是夏高第一次感受到股民心理与股市变化之间奇特的逻辑关系。经历过暴涨暴跌，他反而对投资的兴趣更加浓厚了。于是，读书，自学经济学、金融学理论，开始占据了他几乎全部课余时间。

渐渐地，夏高开始新的编程方向——金融。此时，大洋彼岸的华尔街，俄罗斯程序员已经从用计算火箭飞行轨道的方法预测股价，发展到用程序化交易打败普通交易员。他们还实现了全自动化的生活，写了一堆脚本，会给老婆发加班短信、会在宿醉不醒时给自己请假、会自动根据邮件恢复客户的数据库，还可以一键远程煮咖啡……最重要的是，他们更多地参与到投资银行和对冲基金的核心业务，在项目中与量化分析师和研究员合作。有一句话可以很生动地描述这个群体：程序员一生90%的时间是用在编程上，而剩余的10%是活在世界上。高薪、专注、传奇，华尔街码农的神话穿越了牛熊。

但夏高并不想做一个华尔街码农。在2008年金融危机的结尾，他选择了去深圳实习，他的量化人生开始了。

师从华尔街良师

2009年和2010年暑假，夏高都在博时基金实习。按照合规要求，他把自己的股票账户注销了，就像一名真正的从业人员一样，一心一意地做研究。最初他做的是编程构建量化研究和投资系统，这是他系统接触量化投资的开始。逐渐地，从数据分析到因子计算、到策略开发、到组合构建、到业绩归因分析……多因子选股的整个流程他都学会了。他当时的两位导师是股票投资部另类投资组投资总监张志峰和投资经理陈泽浩，他们都是从华尔街回来的量化投资精英，在日后投身私募之后也都位列《新财富》杂志评选的“新财富中国最佳私募证券投资经理TOP50”。

张志峰20世纪80年代中期留学美国，获得纽约大学柯朗数学研究所数学博士学位，曾在斯坦福大学数学系从事博士后研究工作。之后投身华尔街，有近20年的固定收益及其衍生品市场买卖双方和股票投资买方经验。陈泽浩本科毕业于北京大学数学专业，2007年获斯坦福大学统计学博士学位。之后他担任美国雷曼兄弟公司投资经理，从事固定收益衍生品研究和投资。2008年至2012年任职于博时基金，是国内第一批将量化投资运用到专户投资管理的投资经理。

这两位海归精英把国外多年研究和实际应用的量化投资方法运用到国内市场，广泛研究了宏观对冲、基本面量化、多因子模型、统计套利和高频交易等多方面的量化投资技术，并推出了多只专户产品。

夏高至今还记得实习期间发生的一件事：2010年5月6日，美国道-琼斯指数在不到半小时的时间暴跌700点，之后又戏剧性地反弹600点。美国股市暂时性蒸发了1万亿美元，创造了道-琼斯指数单日内下跌的最高纪录。这起事故被称为“闪电崩盘”（Flash Crash），它是由计算机交易导致的。而在中国市场，高频交易并不被监管层提倡。“这些都影响了我的研究方向。”

2011年1月，夏高博士毕业，正式加入博时基金，成为一名量化研究员。

初学炼金术

2012年7月，夏高加入大成基金，师从数量投资部总监汤义峰。这位中科院博士、2011年股票型基金“金牛奖”获得者对数字非常敏感，常常能够从不起眼的数字中发现投资机会。他曾经通过分析城市和农村空调保有量的级差，得出空调市场远远未达到饱和状态的结论，成功地捕捉了空调股的行情，特别是格力电器这一大牛股。从他管理的基金的季报可以看到，他从2010年二季度到2013年一季度持续重仓持有格力电器，持有期间涨幅为138%，同期上证指数、深证成指、沪深300、中证500和创业板指均为下跌。

名师出高徒。加入大成两年多的时间，夏高就从数量分析师，一步一步成长为高级数量分析师、基金经理助理和基金经理。他从2014年底开始管理大成中证红利指数基金，该基金于2016年7月被晨星评为三年期五星基金。

2012年，A股呈“N”型走势。一季度股市出现反弹，但未获得实体经济支撑，随之股市在二、三季度出现大幅回调，四季度经济企稳回升，市场于12月份触底反弹，当月大涨14.60%，并成功使上证指数年线翻红，全年上涨3.17%。借助2012年最后一个月的大涨，A股市场最终得以避免年线“三连阴”。然而，这一年投资者过得并不容易。同时，“底部之争”是这一年贯穿始终的话题。对于很多从业者来说，2012年是从业以来压力最大的一年。五年熊市，要判断1949点是“熊去牛来”的起点，并不容易。

而夏高就在此时加入大成基金并进入了实盘运作。作为基金经理助理，他积极建议给量化产品上量。2013年一季度，尽管创业板已上涨超过

20%，但上证指数和沪深300指数仍然下跌，市场分化非常厉害。夏高协助管理的产品规模虽大，创业板所占比重却比较小。采用沪深300增强策略之下，虽然基金表现跑赢沪深300，但仍然不能令人满意。夏高开始思考在这样的市场环境下，死守大盘蓝筹是否最佳选择。他将目光投向了新兴成长行业，逐渐认识到其长期成长性价值，并开始进行量化配置。

然而，2013年6月那一场不期而至的“钱荒”却带来了金融危机以来的市场最低点1849。6月20日上海银行间同业拆放利率（SHIBOR）的隔夜利率曾一度在盘中升至30%，达到历史最高水平。这也把恐慌推向了极致。仅仅两个月之后，著名的“8·16”光大乌龙指事件发生，这只黑天鹅再次导演了暴涨暴跌。

2013年8月16日上午11点05分，A股市场大笔买单横空出世，上证指数在三分钟内暴涨超过5%，一时间包括“国家队”进场等各种传言充斥于市，众多不明真相的投资者跟进买入。到了下午光大证券才公告称其策略投资部门自营业务在使用套利交易系统时出现了问题，以致发出错误指令，市场闻讯大跌。

这些因为情绪波动而导致的市场巨震，让夏高开始正视一个哲学概念——反身性原理的威力。此时，投资大鳄索罗斯的著名作品《金融炼金术》出版，这本畅销书迅速登上全球图书销售排行榜。在书中，索罗斯详细讲解了反身性原理与资本市场的密切关系。这启发和影响了全球无数金融业人士，夏高也身在其中。

牛市试牛刀

时间来到2014年。在经历了一季度成长性股票表现良好、二季度回撤、三季度沪港通政策推出后，市场企稳回升。量化产品表现良好，有若干只量化基金都排进了全市场前几名。这让夏高信心倍增。

然而好事多磨。虽然四季度全面牛市终于到来，量化对冲策略却在此时经历了一段相当黑暗的时期，很多对冲基金倒在了黎明前的黑暗之中。由于大盘股疯涨、中小票跑输，不少对冲基金甚至产生了20%的回撤，投资组合暴跌。这给了此前还算一帆风顺的夏高以深刻教训：必须严格控制各种风险。

终于到了实力爆发的2015年。经历“1・19”查配资风波之后，小盘股迎来了春天。而此时国家开始推行“互联网+”战略，不少股票一沾上这个概念股价便如坐火箭。跟着趋势而动，对市场脉搏高度敏感的夏高开始把研究的阶段性重心放在了这一领域上。

“科学技术是第一生产力。”这句话夏高从求学的时候就奉为座右铭。他熟知计算机技术领域的“摩尔定律”：每隔18到24个月，计算机性能就能翻一番，这也就意味着年化40%—60%的增长。这一增长会帮助企业取得相应生产效率的提高。生产效率的提高必然带来利润增长，理论上，相关上市公司的股价也应上涨。即使是政策市、情绪市，这个经济规律依然起作用。市场也的确印证了夏高的这个理念。新兴产业占主导地位的中证500指数在过往10年间上涨了7.8倍，年化收益超过24%。

2015年，夏高度过了从事金融业以来最快乐的4个月，他和亢奋的股民、基民们一起走入了云端。这一段以“股疯”来形容都不够了，最狂热的时期，百亿大盘基金甚至出现了秒光的盛况，股票开户、买基金，要打破头去抢！这在全球金融史上都是浓墨重彩的一笔。

然而，资本市场的幸福时光总是那样短暂，盛极而衰竟丝毫没有顺滑可言。牛市盛宴以迅雷不及掩耳的速度散席，血流成河的“股灾”就在歌舞升平中从天而降。一时间，哀鸿遍野，爆仓的新闻比比皆是，监管层甚至罕见地喊出了要防范系统性金融风险的口号。基金业几乎就在瞬间跌落云端，有的私募基金刚募集建仓还不到一个月就清盘，公募基金净值跌破1元的比比皆是。

“我不想像华尔街码农那样，只满足于把系统做到极致，有时甚至都不知道自己写的程序被拿去做什么用。”在市场高烧的当口，有一天，在跟当年的导师讨论市场一旦再次杀牛入熊后的方向时，夏高这样说。当又一个“5 · 30”近在眼前的时候，他想到了8年前那个还茫然不知前路的自己。他清楚地知道，自己想要做一名真正的基金经理去服务投资者。

“妈妈说生活就像一盒巧克力，你不知道你的下一块是什么口味。”进入而立之年的夏高也在此时，被时代的洪流推进了一片全新的世界。他和新近加入大成基金的同事柴彬一起，遇到了刚开始创业进入金融科技行业的卢德夫，开始了一段跌宕起伏、无比精彩的全新征程。

第三节　今天我答辩

头脑中的洞察力并非像灯泡一样发光，而是像容易熄灭的蜡烛。

——马尔科姆·格拉德威尔

我一直让自己保持身段轻盈，只为风起时能飞得更高，追逐太阳七彩的光。颔首前行，只为浪涌时能潜得更深，等待海底喷薄而出的岩浆。

叮呤呤叮呤呤叮呤呤……尖锐的起床闹铃划破了宁静，卢德夫一跃而起，三下五除二收拾利索，再打开电脑检查一下，就背起书包出门了。今天是清华大学五道口金融学院毕业答辩的日子，一年的学习成果将要面对检验。他的论文标题是《从大数据看股票波动性与股民关注度的相关性》。

就在昨天，大盘实现了“股灾”以来的最大反弹，上证指数一举站上3200点。2850.71成为历史了？今天应该还会惯性上冲吧？卢德夫用手机打开了“你财富”的数据后台，查看近几日的交易情况，尤其是资金的流入流出。他打算利用车上的这点时间给金融资产部的同事打个电话，提醒他们做好流动性管理，别股市重新火爆，刚上线的固定收益产品就挂了。

这个时代有很多这样的创业者，不怕忙碌和辛苦，怕的是无知和落后。谁能说，这不是最好的时代呢？

飘红别挂红

“听说上午有‘咔嚓’的，评委老师不止3人呢，有5个！”提前到达答辩现场的卢德夫被同学们的议论给吓了一跳。他拿出论文打印稿再通读了一遍，把多个模型再仔细检查了一遍，确保行文没有逻辑错误。

“你不知道吗？上一届有的同学因为在答辩环节论文格式严重不符合规定，直接被取消了答辩资格。幸好我们都被老师提前通知，格式上至少不会出硬伤，应该不会因为这个被‘咔嚓’。”

“啊？那还有不过的，我们红组的应该都没问题吧，全线飘红，过！”

“也不一定，考试和答辩红可不是好事，谁要挂红啊……”

“放心，你在西藏出差的飞机上写，后来克服高原反应熬夜写完的，绝对能过……”

"你在6月30日那天大盘拉起时码字过万，今天答辩应该小菜一碟，放心吧……"

"哎，评委老师们都从早上8点半就开始了，我们下午答辩，他们可能累得不行，我们得打起精神讲好。"

同学们七嘴八舌在答辩室外议论着、互相打着气，这与之前分配组别时的心情有点不同。当时大家都还是很兴奋，信心满满的；这一刻，大家也顾不上去打听上午谁被"咔嚓"、因为什么被"咔嚓"。看到自己所在组的答辩靠后，卢德夫心情难免有点紧张。他想起了本科时候人民大学的"四大名捕"，想起了师兄们的哀嚎，忍不住点开了大学同学群，想看看有谁在线。

抽了支好签

"我们这个红组是好签啊，大家的研究方向基本上都是时下金融热点。"半年前，老师在分配答辩组时，被分配到红组的同学们都感觉自己很幸运，内地和金融沾点边的谁不喜欢红？卢德夫不禁想起当年在网易财经工作时，穿件绿衣服去上班被大家"围攻"的往事，他忍不住又跟同学们分享了一下，大家都会心地笑了。

同组的五人除了卢德夫之外，还有《上海证券报》《财经》《金融时报》和《文汇报》工作的同学，大家分别聚焦在财经媒体、银行业（2人）和证券业（2人）等不同领域，研究课题分别定格在财经新媒体平台方案、中国影子银行体系风险与监管、互联网金融背景下商业银行的转型与探析、从大数据看股票波动性与股民关注度的相关性、内地重大政治事件对香港股票市场影响的实证研究。

随后，毕业答辩时间表出来，港股研究同学被分到了上午答辩，其余

4位红组同学挨在一起，红组被安排在当天最后一批答辩。巧的是，卢德夫还被安排在最后一个答辩。他想：答辩结束便是晚餐，想来评委老师们也不会太严。但很不巧，在红组前面有蓝组最后一位同学的“居民资产配置”这一热门理财课题；而蓝组另一位同学因为个人时间安排，其“区域性股权交易市场”课题排在全天最后一位，也是热门课题研究。在答辩现场，才知道原来的好签还生出不少插曲。此时，大家也只能硬着头皮上了。

还好，前面三位红组同学答辩完后出来都是击掌庆贺，鼓励下一个同学，预祝大家不被“咔嚓”，当然也有同学开始谋划庆祝仪式了。此刻连港股市场也收盘了。当天上证指数也收红，但全天成交量仍然没有放大。卢德夫又习惯性地打开公司数据后台，发现今天不仅没有大额流出，固收产品的成交量还放大了。“回头再看看搜索数据，这可能不是真正的反弹。”他一边想着，就听到老师叫自己的名字了。

尝尝被提问的滋味

进入答辩室卢德夫才发现，班主任没有给他诸如接一下电脑之类的缓冲时间，老师已经提前都把答辩PPT打在投影仪上了，前面齐刷刷坐着5位评委老师。

“天，这答辩室座位布置的，老师们离答辩席竟然那么远，估计你怎么笑他们都看不清你的面部表情。”近视的卢德夫只看得清一张老师的脸，因为只认得他一人，“这可能是近视的坏处，当然亦是近视的好处，反正看不清，就随便跟着自己的节奏走。”其中一个主答辩老师验明正身后，只让学生按一下电脑看看翻页键是否OK，答辩就开始了。

讲解PPT的过程很顺利，以港股通大数据、注册制大数据、配资大数据为例切入，一直讲到股票地域性大数据相关性、股价波动与股民关注度相关性，基本是把论文里能拎出来的案例和论文骨架都大致描述了一番。这篇没有引文、凝结了卢德夫一学年课业期间大数据金融研究的论文，其中的很多观点和内容先后得到过来自相关政府部门和金融机构的授课老师们的肯定，或数据或观点咨询与探讨，他对自己的学习成果还是蛮有信心的。

论文答辩的演讲环节，卢德夫主要围绕他对这一年大数据炒股的追踪与分析，结论是用户对一项证券创新项目或新型证券活动的适应，由知识获取到行情分析、板块影响及个股实操等过程虽然长短不一，但基本会有一个从“和我有什么关系”到“我有什么利可图”的逐利过程，这一点包括沪港通、新三板、注册制、股票配资、伞形信托和融资融券等都类似。

尽管如此，卢德夫还是有些忐忑。他觉得除了关键词外，整个PPT的数据是枯燥的，文字是枯燥的，图片又欠奉，对于经历了一整天论文轰炸的评委老师们，他们早拿到了你的答辩论文全稿，估计结论亦是枯燥的。可是无论怎样，论文PPT演示顺利完成了，第一关过了。

接下来是提问环节。财经记者出身的卢德夫感受到了此刻的煎熬，这与普通的新闻发布会回答提问或者当记者时提问采访对象是完全不同的。

斯时，他正在筹备你财富将于下一周举行的第二场新闻发布会。与大部分新闻发布会不同的是，你财富的Q&A环节对于媒体将是不设防的。这意味着他必须将记者们可能提到的问题都尽量准备好给公司各位高管，以便大家从容应对。而14年前，卢德夫自己也是专业财经记者，采访全球最著名的企业家时，还是一个毛头小伙子的他敢一再提问，还敢坐而论道点评行业。但今天，拿着自己辛苦原创的毕业论文，面对前面齐刷刷的5位评委老师的专业提问，他心里不免有点忐忑。

“不过想想之前入学面试时，7位老师齐刷刷坐在近距离的对面，戴着眼镜能清晰看到他们面部表情的情形，今天答辩时才5个人，还坐得那么远，没什么好紧张的。而且，万一老师问题刁钻，我拿数字砸他。”回忆起那个场景，一向谦和的卢德夫偶尔也会露出学霸本色，毕竟当年他是以最高荣誉从人大商学院毕业的。

车轮战激辩大数据与股价

该来的终究会来!

第一位老师提问：“对于股票的地域性特征，你是如何得出正相关性?”

卢德夫回答如下：

实际上，在股票的地域性方面，根据360金融对大数据分析的结论，经过每周检索量前十名的个股以及检索量飙涨的前十大个股检索量地域分析，从股民的地域特性与股票地域偏好等大数据方面分析，股票波动与股民的地域性呈现正相关特性。

北上广深以及天津的股民最多，对各只个股的关注度都位居前列，股票波动也极易影响各地域的股民关注度，这几个地方的股民基本进入每一只个股用户关注数的前十；前十城市的股民基本占据该股检索量的30%，最高占到40%，这也从另一方面对筹码集中度进行了诠释。此外，股票地域性特色明显，股民尤其关注本地股消息，基本上个股消息、个股公告、当地重大政策与激励等对个股的影响与该个股所在地的消息密切相关。比如上海股民对本地股的关注度达到了近乎“疯狂”的程度。在上海股民关注度夺得前两名的个股中，上港集团的上海股民关注度高达

13.6%，东方航空的上海股民关注度也高达13.3%。实际上，在上周的检索量飙涨TOP 10个股中，第一名城市关注度超过10%的也仅这3只（另一只为中信银行，关注度第一名为北京市，达到10.3%）（如表1-1所示）。

表1-1 检索量突涨股票股民地域分布表

股票名	城市	日均检索量	占比（%）	前十城市累计（%）
三一重工	北京市	103653	6.22	30.01
	上海市	50391	3.75	
	长沙市	38115	3.08	
	广州市	37521	2.98	
	天津市	31383	2.68	
	深圳市	26928	2.58	
	东莞市	26829	2.46	
	佛山市	26532	2.24	
	郑州市	25839	2.06	
	青岛市	24948	1.97	
上海电气	上海市	452232	6.43	30.83
	北京市	225027	6.12	
	天津市	192852	2.91	
	杭州市	151272	2.88	
	绍兴市	144936	2.43	
	广州市	128700	2.28	
	宁波市	127413	2.04	
	武汉市	105237	1.93	
	深圳市	99198	1.91	
	苏州市	84447	1.90	

（续表）

股票名	城市	日均检索量	占比（%）	前十城市累计（%）
上港集团	上海市	598752	13.64	35.75
	北京市	283635	5.70	
	天津市	212553	3.79	
	济南市	174537	2.18	
	杭州市	160776	2.17	
	西安市	145629	1.87	
	深圳市	142164	1.81	
	广州市	139392	1.67	
	石家庄市	138006	1.56	
	兰州市	133254	1.38	
东方航空	上海市	85635	13.25	39.83
	北京市	43263	8.24	
	苏州市	36531	2.83	
	广州市	35343	2.83	
	天津市	30789	2.66	
	西安市	30393	2.29	
	杭州市	23166	2.16	
	成都市	22275	1.96	
	深圳市	18909	1.92	
	太原市	18315	1.68	
东方财富	北京市	118107	7.29	32.94
	上海市	91278	5.79	
	广州市	76626	3.44	
	天津市	74646	3.38	
	深圳市	53064	2.87	
	杭州市	52074	2.63	
	武汉市	44253	2.25	
	西安市	42471	1.86	
	郑州市	39006	1.75	
	成都市	38610	1.68	

（续表）

股票名	城市	日均检索量	占比（%）	前十城市累计（%）
东旭光电	北京市	103653	8.19	30.97
	深圳市	50391	3.98	
	宁波市	38115	3.01	
	上海市	37521	2.96	
	广州市	31383	2.48	
	石家庄市	26928	2.13	
	东莞市	26829	2.12	
	天津市	26532	2.10	
	苏州市	25839	2.04	
	武汉市	24948	1.97	
中信证券	北京市	452232	9.04	34.21
	上海市	225027	4.50	
	杭州市	192852	3.86	
	广州市	151272	3.02	
	天津市	144936	2.90	
	青岛市	128700	2.57	
	深圳市	127413	2.55	
	德州市	105237	2.10	
	武汉市	99198	1.98	
	宁波市	84447	1.69	
中信银行	北京市	598752	10.29	36.59
	郑州市	283635	4.88	
	天津市	212553	3.65	
	上海市	174537	3.00	
	杭州市	160776	2.76	
	广州市	145629	2.50	
	武汉市	142164	2.44	
	石家庄市	139392	2.40	
	济南市	138006	2.37	
	深圳市	133254	2.29	

（续表）

股票名	城市	日均检索量	占比（%）	前十城市累计（%）
中国一重	北京市	85635	7.31	29.40
	上海市	43263	3.69	
	深圳市	36531	3.12	
	天津市	35343	3.02	
	广州市	30789	2.63	
	武汉市	30393	2.59	
	郑州市	23166	1.98	
	石家庄市	22275	1.90	
	苏州市	18909	1.61	
	杭州市	18315	1.56	
中天城投	北京市	118107	6.30	33.60
	广州市	91278	4.87	
	深圳市	76626	4.09	
	上海市	74646	3.98	
	杭州市	53064	2.83	
	贵阳市	52074	2.78	
	天津市	44253	2.36	
	武汉市	42471	2.26	
	苏州市	39006	2.08	
	东莞市	38610	2.06	

第二位老师接着提问：“股票关注度与股价波动的相关性方面，大数据能给你什么帮助？”

卢德夫回答如下：

长期不被关注的股票有利于资金布局，未来可能会有更好的表现，出现反转现象；一般大数据指数是按月度进行分析，但实际上细化到周会有更好的结果，如果细化到各个交易日，会有更好的表现。短期被更多关注的股票往往已经开始表现，而股价走强不会立即结束，仍然会持续一段时间，出现动量现象。在长期底部的拐点买入股票将更容易获得超额收益。

这位老师继续追问："那么买卖点的判断呢？"

卢德夫回答如下：

简言之，就是一只关注度高的个股，在高关注度的第一周涨了，第二周和第三周介入还有机会，第四周基本上是尾声，而之前按照月为单位的判断，基本上难以发现较好的数据规律。因为月份是包含至少四个周，简言之，四个周形成一个月，也可以分布在两个月。

第三位老师提问："你当时对于沪港通'南冷北热'会被逆转这一判断的大数据依据是什么？"

卢德夫回答如下：

这是在去年（2014年）11月底做的研究，当时沪港通在2014年11月17日开通至当月交作业时刚好一周，开通第一天开始的"南冷北热"现象一直在持续，媒体也纷纷在报道这一现象，较多的是从表面的交易数据来分析，但当时缺乏用户背后动机的大数据支持。

但实际上从大数据来观察，当时无论港股通、沪股通相关的前100热门词还是前1000热门词，沪港通呈现"南冷北热"的表象下，是内地投资者对港股通的投资者教育、普及、观望、探路等方面的热搜词，而境外投资者对沪股通方面则基本上全部都是进入实操和策略的搜索词（如表1-2所示）。

沪股通方面，涉及概念性的仅27个，占27%；而实操或策略类的达到73个，占比73%，基本上都是涉及“600269”“沪股通买入了哪些股票”“折价最大的海螺水泥反而下跌”“沪股通成交排名前十”等极具操作性的检索词。

表1-2　沪股通热门搜索词(前100)

热门搜索词	类别（1概念，0实操）
沪股通	1
沪股通股票名单	0
沪股通额度	0
沪股通每日额度	0
沪股通标的股	0
沪股通股票	0
600269赣粤高速是沪股通股票	0
沪股通余额	0
沪股通每日额度查询	0
沪股通 前端控制	1
沪股通榜首位置	0
沪股通股票成交量	0
21日沪股通成交排名前十	0
“沪股通”额度	0
什么是沪股通	1
今日沪股通余额	0
券商重仓77只沪股通标的股 四券商买入中国电建	0
整体看，境外资金钟爱的沪股通标的都是一些重要行业的知名公司	1
沪港通第四日继续缩量 沪股通额度使用17.5%	0
沪股通买入了那些股票	0
沪股通后折价最大的海螺水泥反而下跌	0

而与“港股通”相关的前100个热门搜索词方面（如表1-3所示），“港股通交易规则”“港股通汇率”“港股通交易日”等概念性的检索词达到83个，占比83%；而实操或策略类的检索词则只有17个，不到20%。而且与沪股通相比，这些实操或策略类的检索词里也还包括“港股通标的股票”“港股通交易时间”“港股通股票名单”等相关泛概念类内容，实际上注重策略的检索词还屈指可数，占比为个位数。

表1-3　港股通热门搜索词(前100)

热门搜索词	类别（1概念，0实操）
港股通	1
港股通交易规则	1
港股通股票	0
港股通交易时间	0
港股通股票名单	0
港股通名单	0
港股通汇率	1
港股通测评答案	1
港股通交易费用	1
港股通知识测试答案	1
港股通交易费用	1
港股通知识测试答案	1
港股通结算汇率	1
钱龙港股通	1
沪股通股票名单出炉共836只 沪港通568只港股通268只	1
港股通业务测评	1
港股通测试题答案	1
港股通交易日	1

（续表）

热门搜索词	类别（1概念，0实操）
港股通标的股票	0
港股通细则	1
港股通股票缴纳税费	1
港股通首只牛股诞生	0
投资者买卖港股通股票撤单时间为	1

从大数据结果看相关结论及展望：

1.南冷北热短期会持续，“南”边北上资金凶猛，直接进入实操阶段；“北”边趁沪港通东风南下的这一波投资者更多还处于投资者教育与探路阶段。

2.港股通50万元的投资门槛，对内地散户而言起到拦住大部分想涌向港股市场的投资者的作用。一旦门槛降低，大批现在在恶补、忙补港股知识、港股通知识的投资者势必蜂拥入市，这从大数据的港股通检索词词频和检索量可见一斑。

3.港股投资者早在2007年到2008年那一轮牛市以及通过港股直通车等渠道进入港股市场，尤其北上广等大中城市的投资者早已被“南”边券商扫过一轮，该去投资的均已行动。从大数据后台查看的00086、00708、恒大地产等热门港股，很大一部分为已在港股厮杀许久，投资者均有所检索。

4.一旦投资门槛放低、汇率问题解决、投资者教育逐渐到位，沪港通“南冷北热”现象会改观。

5.港股方面，低价股、概念股还会成为“南冷”中的热点。

从2015年上半年沪港通的实际情况来看，除了第2条的50万元门槛没有降低外，其余几点预测基本全部实现。

答辩前，同学们说老师基本上问一个问题即止，但五道口金融学院评委老师们对大数据炒股话题的高度关注、轮番在答辩会上提问卢德夫的情形，让他在答辩完后已经忘了有“挂红”这个词。

刻苦学习、机智答辩终有回报：卢德夫论文获得了第一名！评委老师甚至在去学院食堂的路上拦住他，继续跟他探讨依据这个研究方向创业的可能性。

“我觉得是可行的，但不能百分之百确定。”卢德夫问老师，心里也在问自己，理科生的谨慎时时提醒他要确定。

“当然，你不去试，怎么知道不可以？反正资本市场是很客观的，用大数据指导投资行不行，账户里的数字才是答案。”传道授业的老师，用一个肯定的回答给他解了惑。

“但是你需要找到团队，找到志同道合而且能一起坚持的创业伙伴。这个团队不一定要人人都是顶尖高手，但你们之间，必须要有‘化学作用’。”

第二章 蓄 能

KUI BU

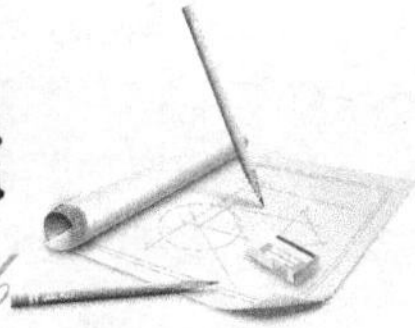

第一节　我们成了一个Team

追上未来，抓住它的本质，把未来转变为现在。

——车尔尼雪夫斯基

三个熟悉的陌生人，工作群里的三个ID——柴小康、XG、老豆腐。如果相遇太早，我们也许话不投机，但武行有句话，叫作“机会恰好是江湖”。

相遇在红五月

2015年5月，股市正在持续高烧。在经历了月初连续三个交易日近500点的回调之后，上证指数紧接着又收出了三连阳。5月12日，上证指数攻上4400点。也在这一天，你财富诞生了。作为联合创始人的卢德夫此时正在与同事们一起夜以继日地做网站上线前的各项产品准备以及内测冲刺准备。拥有8亿手机用户的互联网巨头开始进军金融业了，这消息没有惊动正在亢奋中的股民，却在金融机构中引起了不小的震动。

此时，远在南国的大成基金则刚刚度过16岁生日。作为中国首批获准成立的“老十家”基金管理公司之一，大成的主要业务是公募基金的募集和管理，具有全国社保基金投资管理、受托管理保险资金、保险保障基金投资管理、特定客户资产管理和QDII业务资格。而随着首席战略官温智敏的到来，大成的互联网金融业务开始加速。这位哈佛大学法学博士曾经深耕中银国际和南非标准银行的投行业务。他已经敏锐地感知到传统金融正在面对的变革机遇。

于是，在你财富工商注册3天以后，温智敏就带着他的新同事柴彬北上，来到360位于北京酒仙桥的总部大厦。专业人士见面的寒暄出奇地少，共同话题毫无意外地多。大家都看到了股疯背后蕴藏的转折，看到了一个天赐良机。双方敲定在5月、6月这两个关键月份，就基于大数据挖掘与分析的指数和基金做前期准备——这也算是你财富这个内部创业公司承接集团大数据资源并使之与金融机构擦出火花的牛刀小试。

随后的一周，是魔鬼会议日程的一周。根据双方的初步合作意向，根据“互联网+”的选题，大成方面承诺将指定专门的基金经理，研发策略及量化模型，根据你财富方面的数据分析结果，开发大数据因子作为模型的因子之一。这个基金经理，便是本硕博均就读于清华大学计算机系的夏高。各自经历了十年两个牛市和漫漫长熊的三个“30+”的男子汉，就这样组成了一个团队，而这个团队的强大战斗力，远远超出他们自己的想象。

Move Fast，Break Things！

2015年5月18日，周一，大盘开启了新一轮的上涨。从这一天开始，上证指数迎来了8连阳，大盘从4308点一路狂奔到最高4958.16点，8个交易日大盘上涨了15%。此时，“万点论”被炒得火热，这一路狂奔杀向5000点的盛况，甚至超过3月份那一轮9连阳的气势，那9个交易日里，上证指数从3286.07点跑到3687.73点，大盘上涨了12%！

而此时，团队的工作气氛比外面的市场还要火热。

这一天下午，柴彬在工作群带来好消息：大成基金与中证指数有限公司已确定，两天后（5月20日）一早三方就初步的指数编制方案进行三方电话会议。与此同时，大成内部举行了跨部门会议，将指数编制完成的时间卡在6月底。时间如此紧迫，必须急行军！而且前路还会有许多不可控因素，见证过百发大数据指数研发过程的柴彬，给团队拟定了一个宗旨：Move Fast，Break Things！（兵贵神速，勇往直前！）

24小时以后，著名的“5·19”到来。熟悉中国股市的人都知道每逢“5·19”大行情启动日，市场上总会有好情绪。上证指数也在这一天，不负众望地以大阳线来宣告新一轮上涨的到来。好事成双，也就在这一天，经历前期筹备沟通的大成与你财富双方，正式拟出了第一份战略合作协议。当时因为你财富公司还未注册下来，初步的签约主体还框定在360集团与大成基金管理有限公司，后来随着你财富公司主体注册，签约主体便顺势落在了这两家经手及操刀公司头上。值得一提的是，当时你财富还没有自己的专属法务，所以一应事项都上报给360集团相关法务部门统一审核战略合作协议。这也是内部初创公司的好处，有集团各个部门和各种资源照应着，创业团队初期只管筹备业务相关事项，背后有个坚实靠山。

"各位领导同事好，我是夏高，主要负责策略研发，拟任基金经理，期待咱们的大数据基金早日诞生。"这一天中午，从办公室出来的夏高以理工男特有的方式亮相，"因为交易时间要上交手机，看到和回复信息会晚一点，大家见谅。"

这边厢，360集团与大成基金双方的法务、财务等开始审议战略合作协议等事项；那边厢，下午一收盘，两边的产品设计师夏高和卢德夫紧急开会，为明天双方与中证的第一次三方会议准备素材，同时针对双方的数据需求，列出To Do List。

夏高的任务清单是一要给出"互联网+"个股列表；二要针对"互联网+"股票列表对个股所含的产品、人物、高管和行业等进行关键词筛选、拍板；三要根据这一股票总榜单以及360大数据设计选股模型。

卢德夫的任务清单与之对应：一要根据夏高给出的股票列表定制数据，并提供可供大成阅读并使用的工具；二要提供总个股"query"榜，并提供相关个股衍生词总表，以供夏高进行个股挖掘；三要对个股历史数据进行追溯，或根据特定个股进行查询；四要对大成方面针对个股、行业、人物等需要人工补充的"query"跑出数据。

互联网与金融，就在一个小小工作群里迅速又完美地融合在了一起。柴彬、夏高和卢德夫，在一个刚刚好的时空里，脚下生风地携手跑起了一场布满荆棘和鲜花的马拉松。

翻越第一座大山

新团队怎么“搞搞新意思”呢？团队最初想到的是做一个追踪安全类上市公司的指数，但这个池子确实太小了。而在A股2700多家上市公司之中，与“互联网+”相关的公司有660多家，这个池子就够大了。“不如做个互联网+指数。”Banker出身的温智敏给团队指了条路，这简直让人脑洞大开。

然而创新之路并非坦途，他们必须说服国内从事指数开发的专门机构——中证指数有限公司给予支持。更关键的是，还需要说服360集团董事长周鸿祎接受这个新的产品思路——他们分别是金融和互联网领域的“两座大山”。

紧接着，大成基金执行委员会主任周健男、副总经理温智敏亲自带队拜会老周。见老周的过程至今还让柴彬和夏高津津乐道。

“必须去啊，这可是名震江湖的互联网大佬，哪里只是崇拜。”老周的微信头像是一把拆开的枪，微信名AK47。老周有两句在媒体上广为流传的话让柴彬印象深刻：“我们来给手机行业添堵了。”和“带上AK47，跟我一起去南方做手机。”柴彬从这些看到了老周一种革命理想主义的情怀和一种很纯粹的内在冲动。他觉得周鸿祎简直就是中国互联网的切·格瓦拉。到了老周位于360大厦15楼的办公室时，他惊喜地看到，老周的办公桌后面墙上，挂着一幅格瓦拉经典的上半身画像！

学霸夏高初见学霸周鸿祎的感受却相当跌宕。老周问他：“大成基金？它跟对冲基金、指数基金……各种基金有什么区别？金融？我不懂啊。”夏高登时囧住了，但还是努力保持平静地回答了老周的问题。后来想起来，他们才发现，这正是“红衣大炮”的可爱之处。“老周能在两个月里把360带到美国去上市，又在短短几个月把它私有化回国，能够完成这些几乎不可能的任务，他是在用自黑拉近与合作伙伴的距离。”学霸理解学霸，一点都不困难。

周鸿祎全程都没有客套，而且问题都带有挑战性。柴彬形容“让谈话的人很容易产生对抗心理”。但客人渐渐发现，老周看似否定的发问，实际上只是在寻找一个答案，有时候这个答案非常简单。当他get到这个答案，他会明确示意他明白了。老周的简单直接和高效，给大成团队留下了很深的印象。

“作为一种文化，互联网改变了人们思考问题的方式以及存在方式，信息流、资金流得益于互联网变得更民主和更有效率，身处其中的人，则变得更具自我意识也更特立独行，社会的思想和文化变得更丰富和更具包容性，我相信这有助于提升整个社会组织架构的效率和多元化。而多元化，无论从基因学上看还是从社会进化看，都是最重要的一个特质。”柴彬后来坐在360大厦一楼写完会议纪要后，写下了这样一段感受。这个金融人的理性和包容，也让“主人家”卢德夫感到选择这个队友是多么明智。

随后老周提出了对团队的期望：做一个革命性的产品，不要自我陶醉。周鸿祎坦言：360做金融与BAT的实际情况和发展路径可能有所不同，360金融会用开放心态面对合作，做成金融开放平台，最终实现多赢。他认为余额宝是一款非常成功的互联网特色产品，希望360与大成合作的产品能够达到余额宝之于天弘和阿里的成效。他支持大数据指数的尝试，希望互联网+大数据指数能够真正有互联网思维，有互联网用户能够广泛接受的卖点，希望双方的产品设计人员和宣传策划人员认真思考这一问题，用网民听得懂、喜欢用的语言和功能来推动这一产品。

柴彬对后一个期望的感受也许有更为深刻的认识，大数据贵在真实，浓妆淡抹并不宜。数月之后，大成团队与中科院大数据院士鄂维南教授的团队，建立了合作关系。鄂院士讲了一句看似普通的话，“要推动大数据务实、健康地发展。”柴彬和他们团队成员，时刻以这句话自省。的确，有很多失败的互联网产品都是由于研发者过于自我感觉良好，而与用户的需求渐行渐远。老周不愧是老的产品经理，总能戳中大家的痛点。此时，作为360“自家人”的卢德夫，压力山大，商学院科班出身的他知道，检验自己7年搜索工作成果的时候到了。

第二座山险多了

第一关过得有惊无险，第二座大山看上去就险多了。两轮“极其有营养”的交锋至今还让夏高回味无穷。

成立于10年前的中证指数有限公司是由上海证券交易所和深圳证券交易所共同出资发起设立的一家专业从事证券指数及指数衍生产品开发服务的公司。中证指数有限公司于2006年2月20日成立了由境内外9名专家组成的中证指数专家委员会。专家委员会讨论通过了中证指数编制规则和中证指数体系架构。团队明白，要做指数产品，必须要过中证这一关，要过这个关，就必须得到中证专家们的认可，首先就是中证研究开发部副总监赵永刚博士。而赵博士在看过夏高的模型后一上来就提出了疑问：

1.大数据搜索因子与二级市场股价表现关系如何？可否给出相应的统计实证分析。如何解释“短期动量，长期反转”的结论？大数据搜索因子如果能够影响二级市场的股价表现，那么它的内在逻辑是什么？这关系到整个策略的逻辑。否则我们就变成了为了大数据而大数据。

2.大数据搜索因子在组合收益中贡献比例是多少？一方面，我们想知道在不加入大数据搜索因子时，组合表现如何；另一方面，我们可能希望看到加入搜索因子之后，组合的绩效归因分析。以此来判断组合的收益来源。

3.策略的稳定性如何？在牛熊市是否具有一致性？

行家一出手，就知有没有。全程参与过百度百发产品研发过程的赵永刚提出的这些问题的确代表了很多人包括用户可能产生的疑问。

面对权威尖锐而准确的问题，作为基金业新生代的夏高毫不胆怯——他已经做好了充足的准备去说服赵博士，他要争取更多的时间给整个团队，以便让他们把精力完全投入在指数研发上。说服力，正是一个成功者必备的素质。一遍遍地修改，回复邮件，逐字逐句地斟酌，夏高也在用这个“说服工程”打磨自己。

与此同时，“疯牛”正在拔腿狂奔，5000点近在眼前，而又一个“5·30”也在步步逼近。那时候没有人知道，一片红彤彤的A股市场即将迎来一个墨绿色的日子。

第二节 墨绿色的日子

我愿意把三倍多的土地送给任何一个真正值得我敬爱的朋友；可是你听着，要是真正斤斤计较起来的话，我是连一根头发的九分之一也不肯放松的。

——莎士比亚《亨利四世》

市场需要投资者不断学习接受教育以避免当“韭菜”，也需要专业人士切磋辩论乃至针锋相对以产出更好的金融产品。牛和熊，也许就在一念之间。社会进步既有欢笑，也必伴有泪水。

一招未能制胜

经过反复修改，夏高终于向赵永刚博士发出了第一封回答邮件，详细回答了关于大数据指数的原理性问题。

问题一：大数据搜索因子与二级市场股价表现关系如何？可否给出相应的统计实证分析。如何解释“短期动量，长期反转”的结论？大数据搜索因子如果能够影响二级市场的股价表现，那么它的内在逻辑是什么？这关系到整个策略的逻辑，否则我们就变成为了大数据而大数据。

回答：二级市场股价的走势首先取决于市场的整体走势，也就是常说的Beta。排除Beta因子的影响之后，大数据因子与股票的Alpha存在一定的相关关系，但不是直接的因果关系。关于大数据因子的“短期动量”效应，是指短期搜索量上升较大的股票，在未来一个月的股价表现更好，即存在正Alpha；“长期反转”效应是指长期搜索量上升较大的股票，在未来一个月的股价表现更差；反之，长期搜索量下降较大的股票，在未来一个月的股价表现更好，即存在正Alpha。

下面分析“短期动量、长期反转”的内在逻辑。

A股市场是一个充分博弈的市场。投资者可以大致分为机构投资者和散户投资者。机构投资者账户数量较少，但是持股市值占全市场较大比例，对股票定价具有话语权。散户投资者账户众多，但是持股市值占比较低，没有股票定价权。散户又可以分为少数聪明投资者和多数跟风投资者。少数聪明投资者具有超越市场平均水平的信息收集和研究判断能力，能够迅速捕捉市场的投资机会；多数跟风投资者投资水平较低，易受市场情绪的影响，主要采取跟风投资、追涨杀跌的操作方法。大多数投资者会从网上获取股票的相关信息，对于绝大部分散户来说，互联网几乎是他们获取股票信息的唯一来源。由于散户数量众多，他们贡献了股票的大多数搜索量，因此，股票搜索量的变化主要反映了散户投资者对股票的情绪，间接地与市场对股票的情绪产生关联关系。

机构投资者会主动分析寻找有价值的投资机会。发现投资机会之后，由于资金量较大，收集筹码需要较长时间，而且不希望被他人察觉。因此，机构倾向于选择股票不被关注的时候建仓。股票不被关注反映在股票搜索量上就是其搜索量长期持续下降。机构投资者建仓完毕后股价可能会开始走好，表现为股票在长期不被关注之后开始走强。所以，出现了统计上长期搜索量下降之后股价开始走强的现象，也就是“长期反转”现象。这种现象体现了间接的相关关系，但不是直接的因果关系。

在股价准备启动或者开始走强时，聪明的散户通过自身优秀的信息收集能力和研究判断能力发现端倪，并开始关注股票。他们大多数需要通过搜索引擎去收集股票的大量信息，在搜索量上体现为短期搜索量开始上升。由于长期搜索量的统计窗口较长，此时长期搜索量仍未出现明显上升。由于股价走强不会立即结束，仍然会持续一段时间，因此，当前短期搜索量上升与未来一段时间的股价走强呈现正相关关系，也就是“短期动量”现象。

随着股价持续走强，跟风的散户也开始关注该股票。由于散户人数众多，他们通过搜索引擎收集股票信息时会导致股票搜索量持续上升，从而使得长期搜索量上升。在跟风的投资者不断入场之时，最初介入的投资者开始趁机卖出筹码，兑现收益，股价受到打压也开始走弱。因此，当前较高的长期搜索量对应未来一段时间的股价走弱，两者呈现负相关关系，也就是“长期反转”现象的另一方面表现。

“长期反转”特性也体现在其他指标上，例如涨跌幅、换手率等因子，这与A股市场的博弈特征是紧密相关的。对于大数据因子来说，“短期动量、长期反转”的特性反映了其与二级市场股价的强相关关系。即便这种关系不是直接的因果关系，只要这种强相关关系稳定存在，我们就可以将它用于构建投资组合，起到优化组合的收益风险特性的作用。

问题二：大数据搜索因子在组合收益中贡献比例是多少？一方面，我们想知道在不加入大数据搜索因子时，组合表现如何；另一方面，我们可能希望看到加入搜索因子之后，组合的绩效归因分析。以此来判断组合的收益来源。

回答：大数据搜索因子在构建指数的多因子模型中所占的权重为20%左右，并未占有支配性权重。在目前已经发布的若干只大数据指数的编制方案中，大数据因子也未占有支配性权重。这与股市的运行特点有关系。股市的运行主要受基本面和市场面因素的影响，大数据因子只是从一个侧面反映与大数据有关的人群对股票的情绪。从情绪传导到股价表现的逻辑链条比较长，能够提供的超额收益可能比不上基本面和市场面因素。目前，从组合收益的角度来看，组合收益的主要来源仍是传统因子。我们认为采用大数据因子的主要意义在于它提供了一个观察投资者情绪的全新角度，并且能够提供有别于传统因子的超额收益来源。将大数据因子与传统因子结合起来，让它们的超额收益互补，能够使得整个模型的超额收益更加稳定，降低超额收益的回撤程度。未来随着传统因子被越来越多的投资者使用，传统因子所贡献的超额收益将逐渐下降，像大数据因子这样的独创性新型因子的作用和业绩贡献将越来越显著。

问题三：策略的稳定性如何？在牛熊市是否具有一致性？

回答：策略的稳定性较好，从2013年年初到2015年5月，以中证500指数为业绩基准，日胜率、周胜率、月胜率和季胜率分别达到62.87%、73.02%、86.21%和90.00%，每一年都能战胜中证500指数。

由于360集团的搜索引擎是从2012年9月开始正式上线运行的，此时已是熊市末期，无法再提供更早的数据，因此，我们不能用数据实证策略在熊市中的业绩表现和稳定性。但是我们的模型是采用包括大数据搜索因子在内的多种因子构建而成，除了大数据因子之外的其他因子在牛市和熊市的超额收益都较为稳定。通过因子之间的互补，能够使得策略在牛市和熊市都具有较为稳定的超额收益。

真理越辩越明

然而，要说服一个领域的权威，一封邮件显然是不够的，对此，夏高和整个团队都有足够的心理准备，双方的"交锋"于是有了更多的回合，而事实证明，这些有益的切磋交流对于这个大数据指数和基金产品的成功是必不可少的。

5月20日，柴彬、夏高和卢德夫召集了中证、360和大成的三方电话会议。在这次会议中，赵博士告诉与会者，目前中证互联网股票池有400余只股票，主要是通过研报提及次数考虑纳入、公司主营业务占比等公开数据纳入，他与夏高统一了意见：以泛"互联网+"的概念，加入云端、基础硬件设施、大金融、医疗、工业生态等相关概念，将股票池进一步扩充和完善。

卢德夫在会上向赵博士介绍了360的数据情况：数据主要分三类，个股类、行业类、热度类。（1）根据搜索引擎的热度数据（如前100只剔除噪音后的个股热度、以乐视与同花顺为例）；（2）上市公司新闻报告、财经要闻、除微信外的社交媒体数据、曝光度排行；(3) 行业经营景气度、销售数据、相关机构的统计数据；(4) 360现在已经在做的数据分析产品；(5) 通过分析市场数据、社论、领导谈话、监管意见，分析市场多空情绪；(6) 360数据来源：5.3亿的PC用户，94.7%的浏览器市场渗透率，3.3亿浏览器用户，7.78亿的智能手机移动端安装量，1.33亿导航。数据类型主要是网络爬虫获取的公开网络信息以及通过中央部委官网和各合作中央网站、财经网站第一时间提供的新闻数据。

经过这一次的沟通，障碍又消除了不少，三方基本达成一致：互联网+大数据指数成分股为100只，每月调仓一次。赵博士表示，一般指数的换手率20%—30%都是较高水平，但大数据由于信息及时度高，换手率可能高达50%以上。夏高和赵博士沟通了指数编制的策略问题，赵博士介绍了三个经验：(1) 数据提供方要有数据精细化处理能力；(2) 基金经理需要考虑好策略的逻辑性、特点，在设计模型时要考虑如何做到差异化，如何面对市场；(3) 大数据指数每月调仓，每次换手率相当高，要考虑其对业绩及规模的影响。

第二天是5月21日，名为“互联网+指数特攻队”的工作群再度活跃，大家就股票池的入选标准等问题展开了热烈讨论。

夏高提出，对于策略的股票池，他想先把与互联网相关或者具有互联网基因和精神的行业全部纳入进来，其他行业向互联网转型的企业则通过360的大数据来发掘，比如检索公司公告、券商研报和新闻报道等内容，发现该股票和“互联网”“触网”“网络”“上网”“在线”等关键词的关联性突然大增就纳入股票池。这也体现了传统量化和大数据的结合。

卢德夫提出补充意见：“医疗、非银、零售百货这些触网的要不要我们跑数据看看？移动互联网金融、移动互联网医疗等也大热。”

柴彬支持卢德夫的意见：“医疗零售现在有很多O2O，苏宁、银泰等都是，还做得不错，移动金融就更热了。”夏高总结道：“我们人眼都能发现那么多的机会，用大数据能更多更快地捕捉新机会。”

赵永刚博士认为夏高的提议靠谱。他说：“主题股票池的精准界定对投资组合风格一致性具有重要的影响。对于当下部分主题确实如夏博士分析的，由行业和行业外相关公司构成。”

关于筛选标准，夏高觉得也可以做一个人工智能的筛选模型进行全自动筛选，即使有一点的误差也可以接受。一旦产生关键词和概念，比如“O2O”出来就加进去，“可穿戴设备”出来也及时加进去。

卢德夫给了大家一颗定心丸：“昨天赵博士提的两大标准是硬指标，研报类对大一点的、知名度高的、邀请调研多的公司有利。好挖掘，调研少及待挖掘的公司看看数据挖掘能否出几个。对机器而言工作量一样，一周一次或一月一次数据这边能hold住，看夏博士的需求。”

神奇救兵再次从天而降。大成基金助理总经理高贵鑫与指数公司有着长期密切的合作关系，他表示，将会亲自主持和参与大成基金、360和中证三方的沟通会议，做解释说明工作，以期让中证对360互联+指数的各种设计细节都充分了解，从而加快指数的推出进程。

柴彬引用了《大数据时代》中的一句话作为此次讨论的结尾：维克托最具洞见之处在于，他明确指出，大数据时代最大的转变就是放弃对因果关系的渴求，取而代之的是关注相关关系。也就是说只要知道“是什么”，而不需要知道“为什么”。这颠覆了千百年来人类的思维惯性，对人类的认知和与世界交流的方式提出了全新的挑战。

最后，与会三方用倒退方法确定了指数推出工作的每个关键时间点，并约定：5月28日，三方在上海会面，发起总攻！

上海的“遵义会议”

5月中旬这一周，A股市场进入了高烧模式，上证指数从4500点开始节节攀升，竟走出了罕见的“7连阳”，已经开始向5000点冲击。耳边呼啸着股民砸锅卖铁冲进去的号角，而一些有经验的投资者则在节节撤退，恐惧的声音也在另一边逐渐变大。而对于这些，团队成员基本无暇理会。

时间很快来到5月28日，这一天上海的天气有些阴沉。来自中证的赵永刚博士和他的同事王涛、来自360的卢德夫以及来自大成基金的首席战略官温智敏、夏高、黄晓彬和柴彬，在中证公司位于浦东新区陆家嘴世纪金融广场6号楼13层的办公室碰面了——在走进会议室关上手机的那一刻，他们还不知道，这一天，对于2015年大牛市是怎样重要的一个转折点。

这一次，专业人士们依然没有花任何时间寒暄，而夏高在团队成员的帮助下，不仅回答了之前觉得难以回答的问题，而且成功取得了赵永刚博士在指数开发方面实操性的建议和帮助——更让大家觉得惊喜的是，这一次会议连指数取名的框架和原则问题也一并解决了。

三方首先介绍了合作产品的进展情况，卢德夫介绍了360目前的数据情况，夏高介绍了在未加入360大数据因子的情况下策略模型的市场表现，稳定领先于中证500指数。

赵博士介绍了以往大数据指数的开发经验。其中，考虑到股指期货交割日期等因素，大数据指数一般在每个月第三周的周五调仓，且由于换手率较高，基金可能需要控制规模不应过大，换手率多高和基金规模是否要控制需要基金经理通盘考虑。赵博士建议，指数基金发行初期可考虑控制规模，避免跟踪误差过大。

大Banker温智敏再次拿出了神提议：可考虑把指数的换手率控制在25%左右，将这25%的换手率用于调出组合中预期表现较差的25%，用这一逻辑来改善业绩表现。这是一个太珍贵的建议，之后的基金表现也受益于这个建议。

三方对这一思路均表示认同。就指数编制而言，赵博士提出，中证公司主要关注大数据应用的策略逻辑是否可行及稳定，希望大数据产品能发挥大数据应有作用，不断研究，找到大数据与市场表现的实证关系。

温智敏接着提出："在大数据应用中，可以考虑将数据分类，除关注个股外，还可以关注重要媒体、行业大佬、大V、私募、重要卖方分析师等方面意见，信息可以考虑加权重。本轮牛市或更多由市场情绪推动，但未来市场表现可能更多的还是跟基本面等因素相关"。此言一出，又赢得三方一致认可，大家都认为这一建议有助于改进策略表现。

原理争论终于结束了，会议进入协同一致的操作方案讨论环节。三方达成基本共识，尽量压缩时间、提高效率，以确保该指数尽快推出市场。目前最重要的工作在于夏高的策略和模型及与360的数据测试。

黄晓彬介绍了360与大成对这一指数的时间预期，双方期望于6月底推出市场。赵博士对应提供了中证指数编制的基本流程：

1.大成与360的数据测试结束，策略及模型定型后，中证将同步验证这一模型，而后确定指数编制方案；

2.中证将该方案提交内部评审会，评审会一般每月两次，月初及当月中下旬各一次；

3.评审通过，则向中证正式提交申请及备案材料，一到两周内即可发布。

赵博士还给出了指数基金命名的规则：

1.指数的全称可由奇虎360及大成共同决定，一般不出现基金公司完整名称，但可以包含类似“百发”等体现基金公司的元素；

2.指数的简称为8个字节，最多四个汉字；

3.目前深交所将要求指数前必须冠名中证或其他指数公司名字，上交所暂无此要求；

4.指数简称不影响基金宣传时的术语，宣传名称不必与简称完全一致；

5.指数名称里是否能出现“+”号，需跟技术人员确认。

会议进入了高潮，气氛也变得轻松活跃。大家开始你一言我一语地讨论起名字来，比如：“中证大虎（大成+奇虎）互联网+大数据100指数”，“大虎100”“互联网+”……大家甚至连指数诞生后挂钩的基金产品托管银行都商议好了。

但在这样欢乐的气氛里，夏高和卢德夫还是没有忘记重担在肩：夏高将完善大数据因子的策略，用卢德夫提供的数据来验证策略模型，力争在6月中下旬中证评审会前确定方案——对此，赵永刚博士的脸上又打出了一个问号：两个月？不可能吧？之前的大数据指数，可是用了8个月呢。

会议结束，大家不约而同打开手机，三人同时发出惊呼：今天这是怎么了?！还没开机的温智敏敏感地问：跌了？多少？数字敏感的卢德夫接了句：还好，没超过360点，但今天总体振幅超过360点了。

这一天，上证指数从4943.74点开盘，准备冲击5000点，结果，从4986.50点一路下泻370多点，直接打到了4614.24点，收盘4620.27点，跌幅达到6.50%!

实际上，5月28日这一天的跌幅，创逾四个月最大单日跌幅，终结此前连续七日涨势，个股出现大片跌停。香港股市也受到内地股市的恐慌性跌势影响，创下2014年12月以来的最大单日跌幅，恒生指数收跌2.2%，报27454.31点，恒生国企指数重挫3.5%，报14183.00点。

A股的这一跌幅，即便与自2015年6月开始的“股灾”期间历次暴跌日相比，也排在第5位（6月26日暴跌7.40%、7月27日暴跌8.48%、8月24日暴跌8.49%、8月25日暴跌7.63%）。

“岂止是绿，简直是墨绿！”卢德夫打开朋友圈，看到这样一句评论。尽管已经见过了2007年的“5·30”，三人还是被眼前这一幕惊到了：果然是“5·30”快到了。当周沪指接连突破4700、4800、4900三道关口，一度逼近5000点，连续大涨之下累计获利筹码较多，市场普遍预期大盘即将调整，只是在等待一个信号，甚至出现一些股民清仓销户的现象。

但此刻，市场中亦有不少人认为，这只是累积上涨以后的正常回调，“调整一下，就会继续涨的。”的确，那个时候，市场里最响亮的声音是这样的：一万点不是梦。

但是后来的数据告诉所有人，“5·28”的跌幅在2015年“股灾”中实际上排名第五！这一次的放量大跌显然已经不是“正常调整”，而是一个清晰的警告信号。但大多数人都做不到在别人贪婪时恐惧，股民搜得更多的反而是“明天会反弹”“10000点”“史无前例大牛市”等。

这个墨绿色的日子发生在会议室外的一切，也给团队研发指数提出了不少新的课题，并最终帮助指数在“股灾”后的反弹中表现优异，这是后话。

简单地复完盘，柴彬、夏高和卢德夫甚至都来不及一起吃个工作餐，就各自奔向机场：两个月倒计时在眼前，他们要争分夺秒！

第三节　暗黑六十天

在35岁那年，我步入一片幽暗的森林，几乎迷失在其中。

——但丁《神曲》

酷暑中研发的六十天，闭上眼回想，那无边的暗黑之中，“大数据炼金术”始终在闪烁着诱人的光芒，牵引着我们，向前，向前，再向前。也许，再跑得快一点，就抓住它了……

2733的背后

“在选取股票之前，我们要跑出全市场的数据。”团队很快达成共识。

近年，国内外不少金融机构向搜索引擎和社交平台购买数据用于选股，但取得佳绩的凤毛麟角，原因有三：一是不了解决定搜索结果的内在机制，二是所取数据不全面，三是筛选加工搜索词（query）不到位。卢德夫做过6年专业财经记者，在百度和360合计做了7年搜索产品，曾制定百度新闻热搜词运营机制、设计过百度风云榜的更新频率，还做过交易型工具MMS系统的资讯抓取和判断。于是，在极短时间内跑出2733只个股的全部数据并做出筛选加工这个重任就交给他了。这个在360的内部创业公司——你财富被称为“机器猫”的联合创始人，早已处在“997”的工作状态。大到公司架构，小到员工加班吃饭，卢德夫都得一手一脚地干。“创业啊，钱就得省着花，没那么多人，每个人都得有三头六臂。”从北京的西二旗（百度总部）到酒仙桥（360总部），他已经习惯了从零开始，赤手空拳打出一片天。

于是，夏夜的360总部大厦，常常穿梭着一个瘦长的身影。“没有同学们的倾力相助，哪能完成这不可能的任务。”360搜索、360新闻、360导航、360安全卫士等产品的技术和PM大拿们帮助卢德夫做了大量基础的数据工作，为之后的数据挖掘筛选争取了不少时间。

取数据和挖数据的工序表面看来并不复杂。通过大数据后台对用户的相关“query”发出请求，可以筛选出每天与每只股票相关的查询次数；通过查询次数的分析，可以反映出股民对股票的情绪；经过文本挖掘，得出媒体对个股或公司的关注度，从而解析出媒体报道对股票行情的趋势影响；通过语义分析，得出一定时期内用户的人口属性及地域分布。

第一步，取搜索词。以乐视网这只股票为例，先在360总的大数据后台输入“乐视网”三个字之后，得到数千“query”，接着再输入“300104”，也会得到数千搜索词。然后是对这些query在大数据后台查询得到的结果进行筛选、加工，剔除其中的噪音和杂音项。如搜“乐视网”出来的“乐视视频”“乐视网电视剧”等，均在需要剔除的行列。最后留下与财经、股票相关的搜索词结果，形成总的大样本。这个样本库的建立，就为后期从中抽取行业、板块及相应概念，构成最原始的数据模型基石。

第二步，根据项目需求，对“互联网+”相关概念和词汇进行抽取。主要依据相关度这个标准。卢德夫团队先选出100多个词，经过与夏高的数次电话会议，将之逐步精细化至80、60、40个，再以最后确定的40个词进行数据筛选。这40个词的选取准则是与“互联网+”高度相关，包含个股类数据、行业类数据和市场情绪类数据三大块。具体案例如表2-1所示。

表2-1 实例：乐视网query衍生词

300104	乐视网股票	300104股票	乐视网股票行情
乐视网股价	乐视网股票代码	乐视网股票分析	乐视网股票
股票乐视网	300104今日股价	300104股票行情	乐视网股票行情分析
股票300104	乐视网股价	乐视网的股票代码	乐视网今日股价
乐视网股票价格	乐视网股票走势	乐视网股票代码	股票行情300104
乐视网的股票	乐视网股票最高价	股票乐视网	乐视网分析
乐视网股价分析	300104股价	300104股票代码	300104股票分析
乐视网今天股价	乐视网股票走势图	300104分析	300104开盘价
乐视网今天开盘	乐视网今日开盘	乐视网美股	股票查询乐视网
股票行情乐视网			

股市的温度已经够了

“这么多年，我们就像坐在亿万网民的对面，双方一直在对话。”人工智能，首要的关键点在人。作为大数据选股的互联网从业者，如果不懂财经不懂资本市场，基本等于自说自话。卢德夫是个典型的理科男数字控，从商学院毕业后，做的第一笔投资是给自己买了商业保险，第二笔投资是买房，而在二级市场，他有超过10年的港股研究与投资经验，会因为一个技术指标图标或颜色对错与产品经理（PM）一直PK，“我已经完整地被牛熊折腾过了”。

卢德夫很喜欢读投资大师索罗斯写的《金融炼金术》，反复研究反身性原理。了解和满足消费者心理和用户行为及投资者行为研究，在他看来是一个互联网从业者向更高层次迈进的必修课。

反身性这个哲学概念，其实一直在资本市场起作用，这在2007年“5·30”和2015年牛熊切换中表现尤为明显。股民在选择投资标的时，会去搜索、看新闻、看财报，尤其希望从诸如贴吧、股吧中去寻找有价值的资讯。一旦一个上市公司登上搜索热度榜，其股价波动的幅度也产生明显变化，但热度的波幅与股价的波幅并不同步。

有意思的是，2015年6月，促使卢德夫本人最终做出建议身边亲友控制风险的决定也是因为收到东方财富网股吧的一条推送信息。

2015年6月是一个会被载入投资历史的月份，这个月中国股市开启了罕见的“千股跌停——千股涨停——千股停牌”的奇特循环。当月卢德夫在清华大学五道口金融学院的作业研究方向，即是“从大数据看散户心态”。从当月与散户相关的“query”看，在散户相关的检索词（TOP50）中，前十个检索词里还仅有“散户如何做空股票”一个，但是前20个检索词里竟有“散户做空工具”“散户如何做空”“散户如何融券”“散户如何做股指期货”“散户可以做空吗”等其他5个相关检索词，如果算上“散户如何在股灾中自救”“一个散户的来信：我们散户缺乏避险手段啊”等可能会涉及散户做空行为的词，散户避险心态占比已经非常之高。当时的数据研究也初步显示散户做空心态要极度警惕，说不定会引起羊群效应，在下跌行情中加速个股股价崩溃。

卢德夫想起了他的好朋友丛林经常说的“下跌市场剁仓理论”：你不剁别人剁，别人剁了你不剁，你难受，所以你要剁得比别人快。丛林当时已经取得过往连续三年业绩全市场前5%的业绩。话糙理不糙，这个理论反映的也正是反身性作用于市场并放大市场波动的原理。在实际投资操作中，它是一个十分有效的策略。可以看到，快刀剁下去清仓的结果是能够保住投资的一部分果实。

果然，在收到东方财富网股吧那条推送后不到一小时，A股再次出现了千股跌停。这个发现让卢德夫坚持在后来的360股票产品中加入资讯和社区运营。“有资讯就有观点，有观点就有交流，有交流就有社区，有社区就能反映股价波动”，这是一个完整的与资本市场互动的过程。

“纵然不确定，但并非不可预知。沸腾的A股，是时候验证一下大数据+人工智能的炼金术。”在又一个短暂却有效的电话会议之后，柴彬在朋友圈写下了这句话，这一次，无需配图。

找到窄门，推开它

从巨量数据中“爬”出来后，卢德夫发现了一个规律：长期不被关注的股票有利于资金布局，未来可能有更好的表现，出现反转的现象；短期被关注（搜索量和浏览量突然放大）的股票，往往已经开始表现，而股价走强不会立即结束，仍然会持续一段时间，出现动量现象；在长期底部的拐点买入股票，将更容易获得超额收益。

而卢德夫与夏高在就选取检索词的几轮交流中发现了另一个规律：数据模型需要细化到周，而不是通常做法的月。

时间选取为月的模型呈现以下结果：（1）连续两个月关注度高的股票，其股价在第一、第二个月出现上涨后，第三、第四个月进入下降通道；（2）第一个月上涨，第二、第三个月下跌；（3）第一个月前半段时间涨、后半段时间跌。这三种结果又没有完全的规律可循，因为以月为单位经常会受到跨月期限的掣肘，这也导致很多大数据研究者在选股时出现对数据的质疑与疑惑。

而将时间周期细化到周，则呈现以下较为清晰的结果：（1）第一周启动的个股，第二周、第三周会继续上涨，第四周进入衰退通道；（2）连涨三周的个股，到第四周开始进入震荡，第五周、第六周进入衰退；（3）即便在一周内前三天涨的个股，周四、周五两天也会有个惯性，后续第二周方开始衰退。

基于数据后台的分析，加上夏高的模型验证，合作双方的“化学作用”逐步将“周”这个亮点挖出，这也让柴彬兴奋不已，将这一结果上报给大成基金首席战略官温智敏后，他也颇为振奋。随后，夏高通过数据回溯、推导与模型构建，以周为单位统计和分析大数据立即成为本项目的制高点。而且，温智敏还提供了一条黄金调仓策略：用大数据贡献的部分，替换现有模型组合中表现最差的25%。这个思路，日后真的反映在了360互联+指数基金的优异表现之中！

而投资者的操盘实践也证明，来自投资者的购买并不受限于自然月，因此，大数据分析也不应受制于自然月，按周分析能够提高大数据因子的有效性。这个发现直接影响了日后中证360互联网+大数据指数的调仓换股决策。

这个夏天如此惊心动魄，冷静的理工男们也不能做到两耳不闻窗外事。一次次的千股跌停，一批批账户接连爆仓，一群群投资者被市场彻底淘汰，甚至有些新闻的主角还是熟悉的人。这一切都在电脑和手机屏幕上不断变成各种数据。埋首研发工作的间隙，偶尔看着这些数据，团队成员心中五味杂陈：我们能不能做个产品，它能够帮助投资者战胜市场，尤其是在熊市？

此时，广州和深圳方面反馈的市场消息令人不安，某券商的相关人士回忆起来还相当后怕。当时他们的客服电话都爆了，每天都要提前应对和细看哪些用户要爆仓，前一天收盘即通知，后来很多用户电话都打进不来，每天都大批爆仓。据他透露，在该券商托管的阳光私募当时有不少清盘的。“很多阳光私募到了止损线，因为连续跌停，根本卖不出去，即便跌到了清盘线，也卖不出去，想清盘都清不了。”

卢德夫如今已经记不清在这段时间里，跟柴彬和夏高通过多少电话，发过多少微信，写过多少邮件，谈了多少现实和形而上的东西。但他清楚记得柴彬和夏高立即响应的速度。“什么时候夏高他都在，神了。柴彬每次都能在会议开完的几分钟内发出会议纪要，堪比互联网公司的速度。”没有寒暄客套的每一次沟通都带来收获。

当最后一张表格传送出去，卢德夫对夏高说：“今天我终于可以回家吃顿饭了。”他不知道，夏高干了件更疯狂的事情——把半岁大的孩子和妻子一起送回岳父岳母家，简直回到了单身汉的生活，开始了7×16小时的炼狱生活。

这一点，是有一次柴彬无意间爆的料。这个爱看书、喜欢钻研大数据、亦当过记者的工作狂，能将各种与中证指数公司、监管等沟通的事项悄悄包圆，让夏高与卢德夫专心于数据与模型研发。这段时间，三个人谁也没提过“压力”这个词，可是“鬼知道我们经历了什么!”

风起于青萍之末

千里之外的深圳夏日，在自然界与资本市场的狂风暴雨交织中，夏高这位量化基金经理正在开始做一些“不一样的事情”。“知己一声拜拜远去这都市，要靠伟大同志搞搞新意思!”这是柴彬和夏高K歌的必唱曲目。如今密集分布着各种金融机构的深南大道比当年的皇后大道更加传奇，多少梦想学会金融炼金术的男男女女，把人生最美好的时光留在了这条路上。

此时距离夏高师从华尔街量化投资导师，已经过去了整整6年。360互联网+大数据指数研发开始以后，白天，他依旧跟着交易所时间在管理着其他量化基金；而收市以后，同事们再也约不到这位“量化小王子”去吃桂林米粉了，他也不再揪着人辩论普惠金融。

“我相信公募基金才是普惠金融，公募基金的前景是指数化投资，追求的是长期经济增长下的贝塔收益及其稳定增强。”

“但你没法证明。”

夏高并不善言辩，话题常常在这样的总结陈词中终结。这一次，他终于找到了机会，他要用数据证明数据。

但夏高毕竟是第一次开发指数，在研发期间也遇到一些自己想不明白的问题。他想到了请教大成基金助理总经理高贵鑫。作为基金行业最资深的产品负责人之一，高贵鑫对指数收益风险特征的选择、调仓方法的设计和提高指数的可投资性等问题提出了行之有效的解决思路，为夏高完成指数开发提供了巨大的帮助。

夏高仔细回顾了过去几年研究积累的各种量化模型，从中选出一个与团队既定目标比较接近的模型，作为这只大数据指数的基础。这是一个全市场选股的量化模型。这个模型采用多因子选股的方法，包含了规模、成长、盈利质量和市场表现四个因子，每个因子由若干个指标合成。每个指标都经过了严格的统计分析和历史检验，因子和模型采用了简单而符合经济学理论和市场直觉的构建方法，避免了过度拟合。模型每个月选出100只股票，构成投资组合。

图2-1上可知，从2013年开始，A股就开启了结构性牛市，直到2014年四季度演变为全面牛市。彼时模型的表现非常优秀，不但收益率高于创业板指、中证500和沪深300这些主要的指数，而且稳定性也都强于它们。但是模型在熊市中的表现如何，当时身处牛市的团队还没有实盘的体验。不过指数在正式发布之后，实盘经历了A股一次罕见的"快熊"，经受住了考验，表现持续优秀，这是后话。

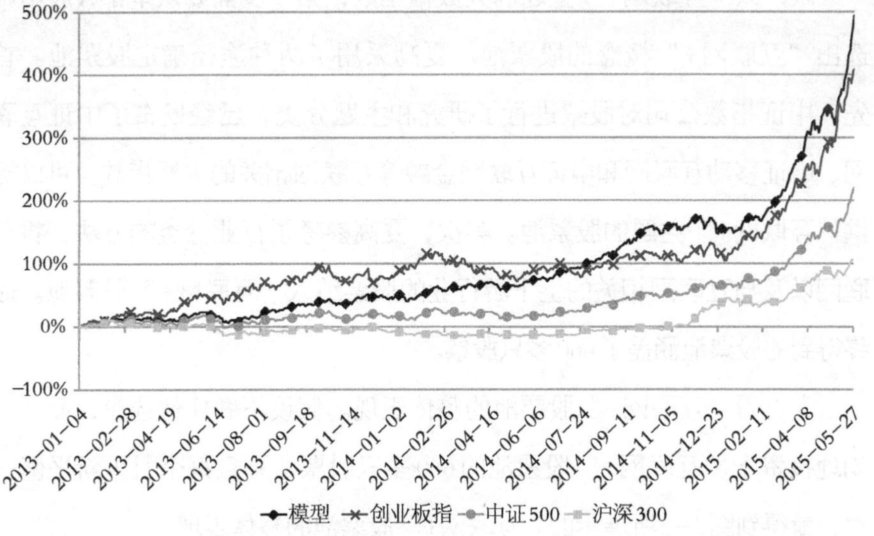

图2-1　量化模型在全市场选股的测试结果

夏高把这个模型从2013年初到2015年5月27日之间跑出的结果带到了5月28日的上海工作会议之中。在讨论中，大家对模型的表现表示认可，但与会者都提出了一个共同的问题：360大数据用于选股的有效性如何检验？如何把大数据和量化模型结合起来？

“任何预设都没有意义。”的确，此后的每一个进程都在验证这句话。

660/2733

卢德夫提供的360大数据主要是从2012年下半年开始积累，之前他在百度曾经做过一个名为“百度新闻公司”的产品，这个产品是聚合一个公司在每一天的相关资讯，历史资讯会按年回溯。所以为了年度的完整性，他与夏高商量，这些个股的大数据研究至少要从2013年初开始。

做一只“互联网+”主题的大数据指数，第一步需要从全部A股中筛选出“互联网+”概念的股票池。夏高采用了两种途径确定股票池。首先，中证指数公司对股票进行了研究和主题分类，已经发布了中证互联网、中证移动互联网和中证互联网金融等互联网相关的主题指数，可以提供“互联网+”主题的股票池。其次，夏高参考了行业分类的方法，将互联网以及与互联网相关的上下游行业的股票纳入“互联网+”股票池。最终得到的股票池涵盖了660多只股票。

先看看“互联网+”股票池的整体表现。假设不做任何选股，而是平均地投资于“互联网+”股票池的660多只股票，并且每个月重新平衡一次，就得到图2-2所展示的“互联网+”股票池的整体表现。

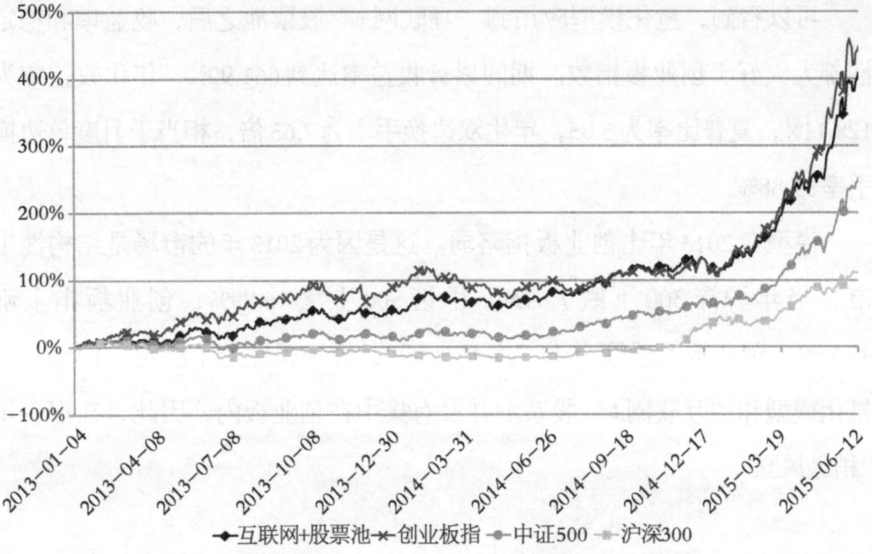

图2-2　未经模型选股的"互联网+"股票池的整体表现

从图2-2中可以看到，没有经过模型选股的"互联网+"股票池的整体表现与创业板指数接近。只要运用量化模型和大数据进行选股，组合的回报可望进一步提高。而把前面提到的量化模型运用到"互联网+"股票池，每个月选出100只股票，构成投资组合，业绩表现如图2-3所示。

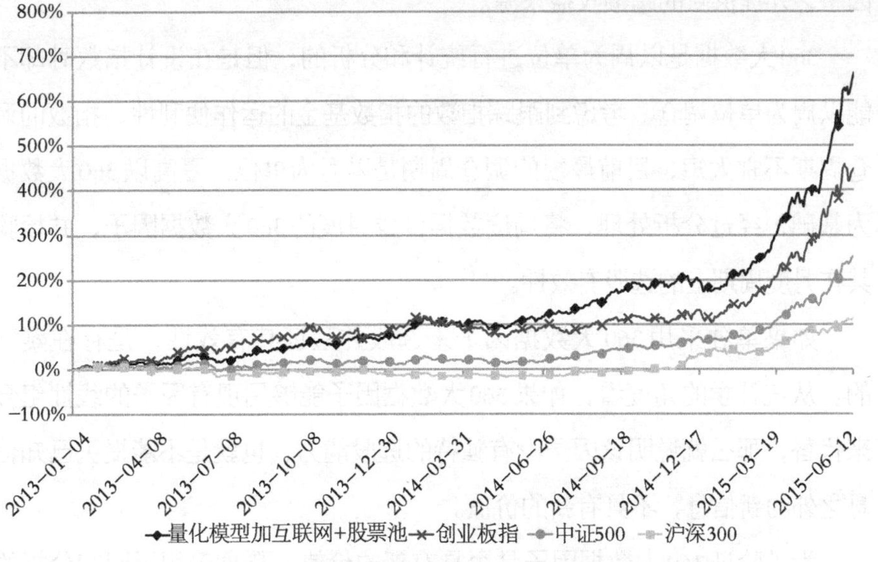

图2-3　量化模型运用到"互联网+"股票池后的业绩表现

可以看到，量化模型应用到“互联网+”股票池之后，收益率和稳定性都大大好于创业板指数。期间累计收益率达到661.99%，年化收益率为128.11%，夏普比率为5.05，年化双边换手率为7.65倍，相当于月度单边换手率31.88%。

模型在2013年比创业板指略弱。这是因为2013年的市场是结构性牛市，当年沪深300下跌7.65%，中证500上涨16.89%，创业板指上涨82.73%。创业板的股票自带“主角光环”，板块属性起了决定性作用。而量化模型和“互联网+”股票池并没有集中在创业板内，因此，在那一年“稍逊风骚”。

数据证明数据

此时模型的结果虽好，还不能成为“大数据指数”。接下来夏高要回答一个问题，360大数据有没有独特的选股能力，也就是说能不能在传统因子之外提供新的超额收益来源。

360大数据是以周为单位进行统计和分析的，但是在设计指数时却不能以周为单位调仓。考虑到跟踪指数的指数基金的运作便利性，指数的调仓周期不宜太短，目前最短的调仓周期是以月为单位。夏高以360大数据为基础，经过分析处理，将周度数据合成月度的360大数据因子，并检验其在月度周期上的选股有效性。

如果单独采用360大数据因子来选股并验证其有效性，是存在疑问的。从统计学的角度看，如果360大数据因子能够用现有因子的线性组合来代替，那么就说明该因子没有独特的选股能力，也就是不能提供已知信息之外的新信息，不具有新的价值。

为了验证360大数据因子是否具有新的价值，夏高采用了回归分析的方法，剔除行业和主要风格因子的影响，进一步提炼了360大数据因子，考察提炼后的360大数据因子是否具有选股能力。每个月将“互联网+”股票池的股票，按照提炼后的360大数据因子从大到小进行打分并分为四组，比较每一组的累计收益。

经过测试和检验，夏高发现打分高的组的累计收益依次高于整个股票池以及打分低的组，单调性非常严格。这证明了360大数据因子在已有的主要因子之外能够提供新的信息来选出表现更好的股票，将360大数据因子加入量化模型中将能够提高业绩表现。

夏高正式把360大数据因子加入量化模型中，与规模、成长、盈利质量和市场表现等因子以适当的方式加权，每个月对“互联网+”股票池的股票进行打分，从中选出100只股票构成投资组合，业绩表现如图2-4所示。

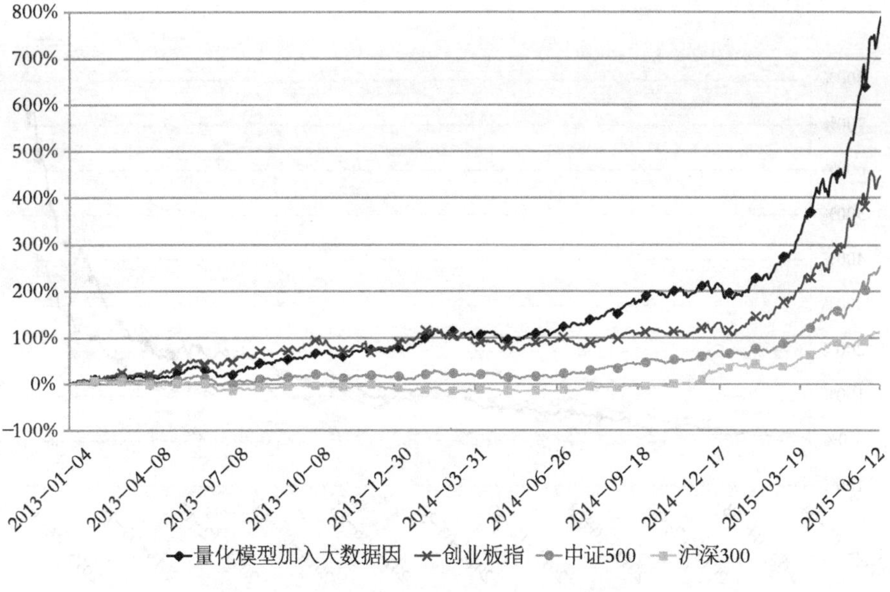

图2-4 “互联网+”股票池上的量化模型加入大数据因子后的业绩表现

模型加入360大数据因子之后，收益有了显著提高。期间累计收益率达到789.22%，年化收益率为142.88%，夏普比率为5.24。但是年化双边换手率高达11.24倍，相当于月度单边换手率46.83%，换手率偏高。这是因为大数据因子主要反映投资者的情绪和股票的热度，这是随着股票走势快速变化的指标，一个月的间隔会出现很大的变化，导致选出的股票组合也发生很大的调整。这一点，印证了卢德夫在筛选大数据时得到的结论。

当跟踪指数的基金成立之后，换手率太高将导致交易成本过大，并且交易时的冲击成本也可能上升，从而影响基金的收益和对指数的跟踪误差，也不利于基金容纳更大的资产规模。"我们必须想办法降低指数的换手率。"

经过讨论，团队决定采用温智敏的建议，努力将指数的月度单边换手率控制在25%左右。经过对模型的不懈优化，夏高在换手率和收益率之间取得了很好的平衡，成功地将指数的换手率降低到25%左右，而收益率只是小幅下降。控制换手率后的指数的业绩表现如图2-5所示。

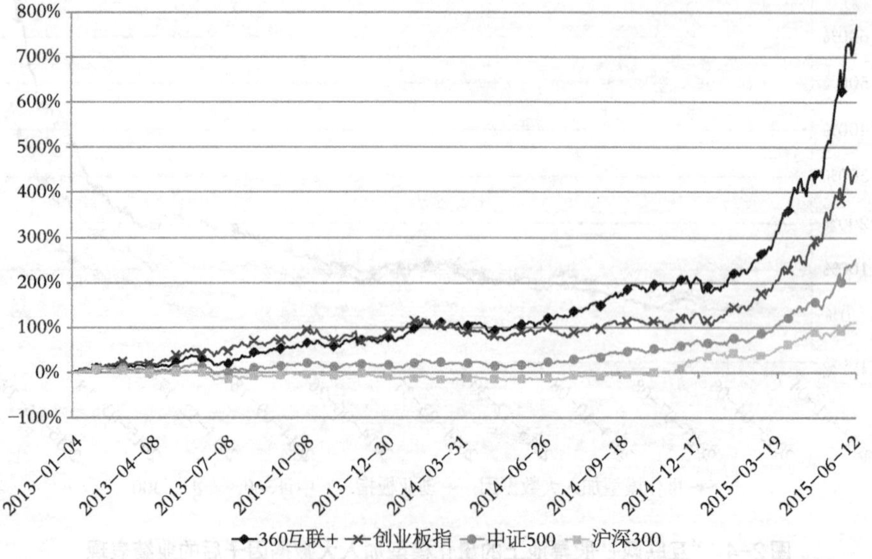

图2-5　控制换手率后的指数的业绩表现

夏高把指数开发过程中得到的各个量化模型的业绩指标统计出来，如表2-2所示。

表2-2 各量化模型业绩指标

2013年年初到2015年6月12日	“互联网+”股票池	量化模型加“互联网+”股票池	量化模型和“互联网+”股票池加大数据因子	控制换手率后的最终模型
累计收益率	407.63%	661.99%	789.22%	770.69%
年化收益率	93.43%	128.11%	142.88%	140.81%
夏普比率	3.62	5.05	5.24	5.16
年化双边换手率	0.73倍	7.65倍	11.24倍	6.31倍
月度单边换手率	3.04%	31.88%	46.83%	26.29%

从表中可以看到，“互联网+”股票池加入了量化模型以及360大数据因子之后，收益率大大提高，夏普比率也得到了显著提升，说明投资组合的收益风险比得到了优化，也就是说投资者每承担一份风险所获得的收益得到了明显提高。指数控制换手率之后，月度单边换手率从46.83%大幅下降到26.29%，而收益率和夏普比率只下降了少许，达到了设计目标。

经过两个多星期的数据分析、模型构建和测试优化，团队最终确定了指数的编制方案，模型参数的确定和所用的数据都截止到2015年6月12日。回过头来看，那一天正是2015年牛市的最高点。所谓盛极而衰，之后市场下跌的幅度和烈度都超出了所有人的想象，然而，360互联+指数在后来市场的大幅下跌和反弹中的优秀表现也大大超过了所有人的预期。数据证明了360大数据，也证明了团队研究的扎实性和模型的可靠性。

直到这一天，夏高才给自己放了一个小假——他从位于深南大道招商银行大厦的办公室一路暴走到深圳湾海边。咸咸的海风让他觉得很惬意，他想起了14年前那个夏天，心情好像差不多。“该给娃发个视频了。”他这样想着，才忽然发现，虽然还是一张娃娃脸，但已是娃他爹……自己已不是当年那个初进清华园的少年。

“你在哪儿？快回来！”视频忽然断了，是柴彬的电话。“我们得要准备指数发布的事了。”没错，没时间为研发的成功庆祝了。

基金的筹备，已箭在弦上。

第三章 起步

KUI BU

第一节　与时间赛跑

黄金时代在我们面前而不在我们背后。

——马克·吐温

面对灾难，有人痛苦沉沦，有人镇定积极。也许此生，你还有机会再遇到千股跌停，但你很难再有机会和陌生人携手并肩，跑赢时间。

“360互联+”诞生了

在夏高和卢德夫一天当三天用的紧张研发间隙，关于指数的其他准备工作也在有序进行。

“六一”儿童节这一天，360和大成“互联网+指数特攻队”的同学们在工作群里开始热议即将诞生的指数该起个怎样响亮的名号。

“我喜欢中证大奇。”

“成虎好不好?”

“全称叫中证大成360互联网加（+）指数？还是中证大成360互联网加（+）100大数据指数?”

……

就像很多父母在孩子诞生前就已经开始绞尽脑汁给宝贝起个小名，希望给他们的人生带来好运一样，团队所有成员都希望这个资本市场新成员的名称有力、易记。由于指数里不能出现基金公司名字全称，团队决定在“互联网加”“中证360+”和“中成360+”几个名字中间选一个。为了突出特色，“大数据”三字保留，这样就定名为“中证360互联网+大数据100指数”，简称“360互联+”。

对于这个关键的“+”能不能带，赵永刚博士回复：将来如果发分级基金，通过卫星传播，带“+”是不行的；如果只是普通的指数基金，通过指数通发布，是没有问题的。

就这样，一队专业的金融人加上一队活泼的互联网人一起拥有了生平第一个“孩子”。

而在外面的世界，基金业的秒光奇迹则在股疯中此起彼伏地上演。6月4日，团队得到消息，某基金一天通过社交平台销售了100亿！“基金经理估计先乐死，再哭死。”专业人士对于市场的预测已经转趋谨慎，毕竟，涨得这么猛的市场，这样的天量产品发出去，很多压根没有管理过那么大头寸数据的基金经理将面对更大的配置难度。

就在6月4日当天，大盘也在上演着过山车行情，上证指数午后开盘跌幅高达5%，跌破4700点；深证成指跌幅达6%，下跌上千点，当天上证指数最低探至4647点，最高冲至4947点，震荡幅度达到300点。

对于当时的行情，已经有机构开始警觉，技术层面，面对短期上证指数、深证成指、中小板指和创业板指都连续出现高位十字星或吊颈线的现象，有机构开始认为这是调整的信号。而个股和板块层面，许多次新股连续暴跌，连续跌停的个股不在少数。当时市场判断有机构在逐步离场。交易量层面，那几天沪深两市日成交金额都超过2万亿元的历史天量，已经冠绝全球，股指在高位持续天量成交，往往预示股指可能转向。但在2015年上半年的全民炒股牛市里，风险与喊跌一样，都是不受股民尤其广大散户欢迎的。

同时，有的一些大数据基金正在因为表现落后指数太多而承压。市场开始隐约传出批评之声：这些基金收益率赶不上指数，主要是基金经理建仓慢，仓位太低。“这么看牛市里指数基金做择时的后遗症还蛮大。”有评论认为不做择时高位建仓，投资人也还能理解，这不是基金经理的错，但是择时搞错的几率接近50%，一旦搞错了就是基金经理的人为错误，投资者是不会原谅的。

针对这种情况，温智敏给工作群发来了一段话：“指数基金经理人为择时操作，是有违指数基金的原则和初衷的。我们首先还是要做出一款真正基于大数据的投资产品，给普通投资者带来增值，这才是我们互联网金融的根本。投机取巧可能得利一时，但中长期是没有生命力的。”这段话至今还被大家津津乐道：经得起批评，才配得起赞美，风物长宜放眼量——这是金融男可贵的理性，也是知识分子的风骨。

两道相反的弧线

就在团队定好产品名字和推广策略、展望可能出现的销售奇迹之时，转眼间市场却发生了质的变化。

2015年6月15日，一亿中国股民最难忘的日子。从这一天开始，上证指数从5176.79点开始飞流直下至2850.71点。芒种到大暑，这段本应是孕育股实谷穗的日子，在倾盆暴雨中，人们等来的却是庄稼大面积溃烂。

而对于360互联+指数团队来说，弧线的方向却刚刚相反。

7月2日，赵永刚博士给团队发来贺电：火箭速度。短短四个字，代表了他的赞许：360互联网+大数据指数已通过中证评审会，12个工作日后指数就可以发布。“Oh,yeah！”柴彬、黄晓彬和夏高这天晚上采取了最经典的中国式庆祝——小龙虾伺候。这简直应了那句流行语：中国有几件事是小龙虾桌上不能解决的?

然而，开心很快被市场的动荡所打破，团队继续受到大盘暴跌的极大刺激：从6月15日开盘时的5174点到7月2日收盘时的3912点，上证指数暴跌了24.4%，同期，深证成指跌去了28.9%，创业板指数则跌去了32.4%。

当天大盘的一个小插曲，是在下午两点半，当股民以为大盘会像前一个交易日一样在最后半个小时一泻百点时，戏剧性的一幕上演了，中石油引领着“两桶油”和“四大行”忽然放量上攻，其中中国石油的股价一度接近涨停，最终收盘时大涨8.75%，虽然沪深两市仍有将近1400只个股趴在跌停板上，但上证指数还是在最后半个小时收回了70个点。

而到7月3日这一天，上证指数从4000点以下放量大跌，全天振幅近300点，恐怖的气氛继续在股民中弥漫。夜深了，团队成员仍不能成眠，各抒己见。

卢德夫："期待行情拨云见日。"

王伟："股票爆仓?"

卢德夫："北京上海都有了，今天，不敢看。"

柴彬："广州也有，前天，一个女的亏了200万。"

卢德夫："转个《A股腰斩排行榜》，万股腰斩奇观，话说×××私募真的清盘了？止损线竟然0.7。"

温智敏："目前是底部，未来只会越来越好。"

……

然而现实的残酷也让团队逐渐意识到，这或许还不是真正的市场底部。可怕的消息陆续从各个渠道传来。

2015年6月份那轮"股灾"暴跌潮中，深圳一个2亿元的投资人被打爆仓。当初他与潮汕某商人凑足了2亿元，1∶3的杠杆配了6亿元，一度涨到12亿元，最后在7月份被"打"到2亿元全部消失。

深圳某会计师事务所创始人，在2015年这轮股疯中放了4倍杠杆，一度赚了4倍，他将1000万元配了4000万元至5000万元，高峰时达到9000万元，相当于400%的收益率，最后剩余400万元，在跌停板打开后"跑"了出来，亏了600万元，说"再也不敢炒股了"。

在北京，一位股民将二环内的房子以700万元抵押给某互联网金融平台，加上自有的300万元，再以1∶1的低杠杆配到2000万元，高峰时股票资产一度超过6300万元，最后也是被强行平仓出来。

在广州，一个"大户"用5000万元放了两倍杠杆，一度赚到3亿多元，最后也打回“原形”，“幸好没有伤到本金”，该“大户”事后回忆当时的情形还心有余悸，“幸好跑得快，跑得坚决。”

“我一个美女同事当时几十万元买了公募基金，竟然每天都说赚到一只包包的钱，她属于运气最好的，在暴跌前的6月10日听劝卖掉了全部基金逃出来了，但另外一个同事也是拿出几十万元，买了大幅溢价的分级基金B类份额，最后下折了，损失惨重。”某投行负责人透露。

7月7日，在大盘奔向3500点的关口温智敏提议：鉴于目前市场环境，建议接下来的文宣材料增加以下内容：“在全球主要资本市场，指数基金的长期表现往往超过绝大部分基金经理主动管理的基金。2008年金融危机之后，以低成本和低跟踪误差为特点的指数基金已成为最受美国投资者们欢迎的投资产品。在目前国内股市的单边上涨行情结束、波动加剧的情况下，基于互联网大数据的处理分析来捕捉市场情绪变换的360互联+大数据指数将可以为广大投资者提供别具优势的产品选择。”

有丰富市场经验的Banker让大家心悦诚服。此时，市场传来国家队进场强力救市的消息，“全民护盘”似乎也不只是柴彬一个人的玩笑话。与其他金融机构出资购买自营产品一样，大成基金也运用固有资金8000万元认（申）购旗下偏股型基金，同时每位高管出资50万元认（申）购，并承诺至少持有一年以上。

“山雨欲来风满楼。”夏高发现，市场上有大数据基金产品在过去的一周跌幅达24%，而且跌势未止。于是在7月8日接到中证关于“指数发布还需要进行相应技术准备、当周发布难度较大”的消息之后，温智敏和卢德夫均提议缓发，期待行情能够好转。但准备工作仍然要按计划进行，360的技术和产品团队保持7×12小时工作制，确保将来基金产品在推出之后能够马上上线，大成团队则在推动托管银行在指数通过评审会后开始审核基金申报的法律文件，同时基金经理的注册流程也在推进。

市场里迎着暴风雨前行的不止这一队人。7月13日，柴彬发现正在发行的某电商的大数据基金推出免认购费优惠。作为传统基金公司员工，他忧虑这可能成为一种“标配”。卢德夫经过调研发现，该基金发行的第一天是免认购费的，但限额2亿元。“按条件看，是（补）贴了。”互联网人明白，这是这个“烧得起钱”的行业的惯常营销手段。柴彬再进一步调查发现，该基金免认购费期过后，认购费打4折。

下半年跑赢大市

接下来的几天，柴彬完全变成了一个手机狂人——一有空，他就去刷一刷中证公司的官网，看看指数发布的公告是不是已经出来了。“我疯魔了。”他给卢德夫发了这条消息，“德夫，就像除夕等新年钟声一样的心情。”

而此时在为你财富上线和团队一起日夜拼搏在一线的卢德夫只能给他回几个表情：奋斗、握手、太阳。

7月16日，结束出差任务、刚刚到达机场准备从上海返回深圳的柴彬收到消息，第二天指数将要公告，但协议还没有走完流程，他果断决定退掉机票，就坐在机场大厅制作相关协议，以便当天走完大成基金的内部流程。

在核对完协议的最后一个字之后，柴彬给团队工作群发了一条消息：“下午盖章，终成正果。”这条消息如同一颗耀眼的信号弹，让一直在暗黑中前行的团队成员看到了一条更光明的前路。

7月17日，中证指数公司在官网上公告，由大成基金定制的中证360互联网+大数据100指数将于8月10日正式发布。有趣的是，这条公告还提示了一条信息：中证自己也做了一个互联网+主题指数。这意味着从此夏高对标的又多了一个互联+指数，也似乎意味着业界对大方向的判断一致。好事成双，卢德夫也在这一天告诉大家：明天（7月18日），你财富将第一次在媒体沟通会上亮相。

难以描述这是一种怎样的天时地利人和。7月23日，国务院办公厅《关于运用大数据加强对市场主体服务和监管的若干意见》发布，明确提出："支持和推动金融信息服务企业积极运用大数据技术开发新产品，切实维护国家金融信息安全。""方向是对的，不论市场眼下如何，我们的方向选择跟上了大势。"

进入8月，随着基金产品正式报会待审，你财富也传来开门红："今天我们公司内测第一天就卖到原计划一周的销售额，期待与大成合作的产品也大卖！"卢德夫在工作群里发来这样一条好消息。

8月10日，中证360互联网+大数据100指数正式发布。夏高一早在工作群发来消息："现在已经在Wind资讯看到360互联+指数的行情，代码930734，今年以来收益率120%。"Wind数据显示，8月10日当天该指数涨幅高达5.26%。比夏高早上看到的表现更好的是，到当日收盘，该指数2015年以来涨幅达132.48%，不仅远超中证500指数同期57.70%的涨幅，还超过创业板指同期83.91%的涨幅。

这个夏天的雨水异常丰沛。老人们都在说即将要到来的冬天雪也会比较多。团队里的大部分人已经记不清经历了多少个千股跌停了。他们只知道，从8月的2850.71点以后，"爆仓"这个词出现的频率越来越低，这让大家紧绷的神经多少放松了一些。而当新诞生的360互联+指数在接下来的反弹中显示出作为"反弹利器"的强大威力之后，大家对它有了更高的期待：一旦跟踪指数的基金获批，将可以让投资者通过对指数基金的长期投资获得相应的回报。

第二节　瑞雪兆丰年

十月，在股票市场投机的话，这是个特别危险的月份。同样危险的还有七月、一月、四月、十一月、五月、三月、六月、十二月、八月和二月。

——马克·吐温

战胜人性往往比看清趋势更困难。虽然第二波强力下跌终于让市场露出了阶段大底，但，在别人恐惧时贪婪，还是比火中取栗更让人踯躅。此时，冰冷的机器赢了。

下调中跑赢大盘

就在2015年8月10日当天，从中证传来消息：目前，中证发布的所有指数有三个保障级别：三级保障，个性化发布，盘后发布，极少数场景可见，一般不用；二级保障，由指数公司发布，大的数据终端以及大智慧、同花顺等非券商定制版可见；一级保障，由交易所发布，绝大多数场景可见。当时，由于交易所分给指数公司的代码非常有限，因此非场内交易的产品都不经由交易所发布，如需转交易所，需在产品拿到批文后，报经交易所总经理批复。当时只有百发100是因为有场内申赎通道而申请了交易所发布。

对此，团队有些担心指数一段时间内的传播面会比较窄。但好消息是同花顺和大智慧等平台跟中证有协议。从新浪基金加入你财富的王程旭立即判断：这两个大平台的页面是应该上这个指数的。内行就是内行，柴彬和王程旭立即与两大平台联系协商，360互联+指数很快就与两大平台的用户见面了，同时卢德夫和柴彬还同步解决了360、大成官网要读取指数行情的问题。

8月16日，夏高和卢德夫确定：指数每月调仓，需要持续更新360的大数据。调仓日是每月的第三个星期五，数据截至每月第二个星期五，所以需要在第二个星期五后的下一个工作日把数据计算出来。也是在这一天，卢德夫发现，360互联+指数已经连续5个交易日都跑赢大盘，“选股信号出现的第一周的周四、周五进去还能有三个星期的超额收益。”而温智敏再次在此时表现出了极好的盘感："未来两周大市调整的概率很高，看看我们的指数实盘穿越该小周期的表现如何。"

果然，360互联+指数的发布给大盘带来的好运只持续了7个交易日。

8月18日，大盘在上摸4006.34点之后一路向下，收盘下跌超过260点，市场恐慌再起。当天深夜11点，温智敏在工作群里发来消息："夏高，16日我在本群里已预警了大市调整风险，你好好跟踪观察我们指数在这次调整中的实盘表现，包括各成分股的表现，看看在选股因子方面有无可以改善之处。"

与此同时，温智敏还转发了一篇名为《从行为金融学看当前A股》的文章，文中写道："那么散户投资者的行为究竟会给你带来正向的投资推动还是负向的投资推动？我们发现在一周到三周的区间里面，散户如果集中买什么公司的股票，什么公司的股票就会上涨，但是这些短期上涨的公司，在今后的一个月或者一年的时间里，股票会明显跑输大盘。原因就在于这些散户短期投资的股票已经被炒得过高了，所以在中长期必须出现整个真实价格的回调。"

温智敏的这段话让团队思考了一夜。第二天一早，夏高回应道："这就类似于我们观测到的搜索量对股价的'短期动量、长期反转'效应，在360互联+中得到应用。"温智敏给出了一语中的的总结："在我们没有直接交易行为数据的情况下，搜索行为数据可以作为交易行为数据的proxy（代理变量）。"

卢德夫也说出了他一直以来的期望："我们现在数据精确到周了，后续看看精确到日是否更有利于模型跑出更好的表现。"

在2015年三季度末四季度初的这一波弱反弹当中，被吓怕了的散户很多已一去不回头，不敢再进场。但"新丁"360互联+指数不仅在市场下跌中跑赢了大盘，而且作为一枚反弹利器，它与市场上的其他产品相比较，显示出了优势，有数据为证（如表3-1、表3-2所示）。

表3-1 2015年9月16日——2015年10月15日大数据指数排名

排名	指数简称	涨幅
1	360互联+	43.30%
2	电商数据	36.83%
3	雪球精选	33.78%
4	雪球智选	31.35%
5	银智100	30.06%
6	CS娱乐	26.10%
7	淘金100	26.00%
8	CS医药	25.97%
9	银策100	22.66%
10	百发100	22.14%
11	I100	22.00%
12	CS房天下	21.65%
13	雪球100	20.35%
14	I300	16.01%
15	银策消费	13.43%

表3-2 2015年1月1日——2015年10月15日大数据指数排名

排名	指数简称	涨幅
1	360互联+	111.17%
2	电商数据	98.86%
3	CS医药	86.34%
4	雪球精选	85.29%
5	雪球智选	73.88%
6	淘金100	59.50%
7	银智100	57.35%

（续表）

排名	指数简称	涨幅
8	银策100	56.65%
9	I100	49.20%
10	CS娱乐	46.77%
11	CS房天下	45.35%
12	银策消费	29.00%
13	百发100	21.13%
14	雪球100	15.54%
15	I300	4.03%

10月21日，柴彬再次带来好消息：360互联网+大数据基金已于昨日（10月20日）完成证监会反馈意见的回复以及材料更新，后续将进入获批签报流程。

此时，南国深圳依旧绿树成荫，而深秋的北京已寒意颇浓。2000公里一线牵，的确，有网络，空间距离便无法阻隔志同道合者一起改变世界。这是一个收获的季节。

第一场雪

转眼到了11月19日，北京下起了冬天里的第一场雪。正在北京出差的柴彬这天下午来到陶然亭公园——作为一名跑者，他的习惯是到哪里都带着跑鞋。这天雪很大，密密的大片雪花打在柴彬的脸上、身上，他跑得有些吃力。

忽然手机响了。“批文到了！”这四个字让柴彬眼前一亮。“WoW!”他兴奋得险些把手机甩飞了出去。他立刻发了条消息到工作群：“各位童鞋，好消息来了！大成第一只大数据基金大成中证360互联网+大数据100指数基金今日获得证监会批准注册！”随后，他打开已经久未更新的朋友圈，写下了这段文字：“大成第一只大数据基金——大成中证360互联网+大数据100指数基金今日获得证监会批准注册！360互联+创造了两个‘纪录’，还需要第三个。”随文他附上了陶然亭雪景。

柴彬后来说，这条消息的点赞和评论数创了他朋友圈的纪录了。的确，经历了这个特殊的春夏秋，这场兆丰年的瑞雪带给这群FinTech新人的兴奋和快乐，很难用文字表达，这个创造了问世时间最快、标的指数历史表现最好两个纪录的产品获批注册，不容易。

这边厢，工作群里也沸腾了。承受了最大压力的夏高第一次不含蓄：“今天市场大涨，360互联+指数再次领涨所有大数据指数，也战胜了创业板，是好兆头。”卢德夫评论了四个字：众望所归。刚刚离开传统基金业到你财富报到一个多月的老基金经理从林也不淡定了：“底部起来快翻倍了！”“带头大哥”温智敏放言：“纪录都是用来打破的！”

媒体迅速对成绩作出了反应。新华电稿报道是这样写的：“自360互联+指数发布以来至当年11月19日，市场经历大幅震荡，360互联+指数累计上涨21.08%，同期创业板指上涨7.52%，中证500下跌3.68%，沪深300下跌3.38%，该指数在震荡市期间仍然表现出色。就在11月19日当天，创业板指上涨4.12%，中证500上涨2.55%，沪深300上涨1.60%。360互联+指数上则一举上涨4.61%，战胜了全市场主要指数，并在15只大数据指数中位列第一。”

对于360互联+的研发团队来说，这一天的确是一个历史性时刻，获得了批文，成为360与大成双方大数据战略的第一个落地产品。在这一天之前，与所有的创新者一样，没有人知道，奇迹真的会出现。然而正如哲学家塞内卡所言：“幸运就是当一个做好准备的人遇到了机会。”

"从今年（2015年）5月双方第一次接触以来，背后凝聚了360和我们很多小伙伴的心血，但更多的是凝聚了我们的斗志和冠军的心。它创造了两个月最快的研发时间纪录，业绩表现上领跑15只大数据指数。没有什么是不可能的，一起来创造纪录吧，让360互联+成为业内当之无愧的明星。"在朋友圈写完这段文字，柴彬忽然觉得脚步变得轻快了许多，一口气，他又跑了5公里。

此时，刚刚参加完你财富团队晨会的卢德夫给夏高发了一条消息："投资不是纯科学，不是'啊哈'后你就得到了答案。当你'啊哈'的时候，克莱斯勒公司已经翻了两番或者波音公司已经翻了两番。你得承受一点儿风险。"这是他喜爱的另一位投资大师彼得·林奇说的。夏高很快回复他凯恩斯的一句话："专业投资可以比作报纸上的选美比赛，比赛要求从一百张照片中选出最美的六张脸。最终获胜的，是那个选择了所有竞争者平均偏好的人。"

这些话，发在朋友圈会显得矫情，但对于一直备受巨大压力煎熬的他俩而言，学霸之间偶尔需要些心灵鸡汤来互相打气，彼此的信任、鼓励和褒奖，让这场雪显得格外美。

特别的内部路演

没有强大对手参与的市场是不合理的。紧接着是11月20日，嘉实腾讯自选股大数据基金发布了。这让团队更加确定，方向是对的。"衡量不作为比衡量作为要难得多。表现突出像成吨的钻石闪闪发光，不作为则总能敷衍搪塞过去。"直面竞争，狭路相逢勇者胜，360互联+的工作团队完全没有任何胆怯。

既然360互联+指数基金获批，下一步就是基金的发行了，那么360与大成内部同学的产品交流就变得极为重要。柴彬、夏高和卢德夫决定，11月到12月举行几场内部路演。互联网公司有一些成熟投资者，也有很多无经验用户（俗称“小白”），如何用他们听得懂的话把产品说清楚，决定了将来通过互联网渠道销售时的成败。

这几场路演与传统金融机构平时举行的路演很不同，没有豪华会场，没有美酒佳肴，但是至今让大成团队难忘。

“小白”的问题可以让他们崩溃：

——“002236用户在哪里可以查到是我们的360互联+指数？我在同花顺里面搜002236是大华股份！”

——“我们对外用哪一个代码？用户在同花顺里输入哪个代码可以看到360互联+呀。”

柴彬回答：“大成中证360互联网+大数据100指数基金分配募集期基金编码是002236，募集结束基金成立后转为正式代码。而360互联+指数代码是930734，这个是中证指数公司发布指数时确定的代码。基金代码这个目前只是申请下来，要在正式公开发售、披露法律文件后才能在公开渠道看到。”

专业用户的问题也让他们刮目相看：“指数行情在Wind资讯终端是有的，但普通用户没装Wind，如何让搜索引擎能搜到？是不是应该让它出现在东方财富、新浪等平台？”“大数据指数基金的跟踪误差问题怎么理解？”

对于后一个问题夏高做了充分准备后，在12月14日的内部路演中给出了答复：“对于大数据指数基金的跟踪误差，我的研究结论是已经发行的大数据指数基金跟踪误差大的原因主要是‘股灾’期间大批股票跌停或者停牌，流动性不足，基金遇到大量赎回导致跟踪偏离扩大。当市场恢复正常之后，大数据指数基金的跟踪误差会恢复到合理范围内。”（如图3–1所示）

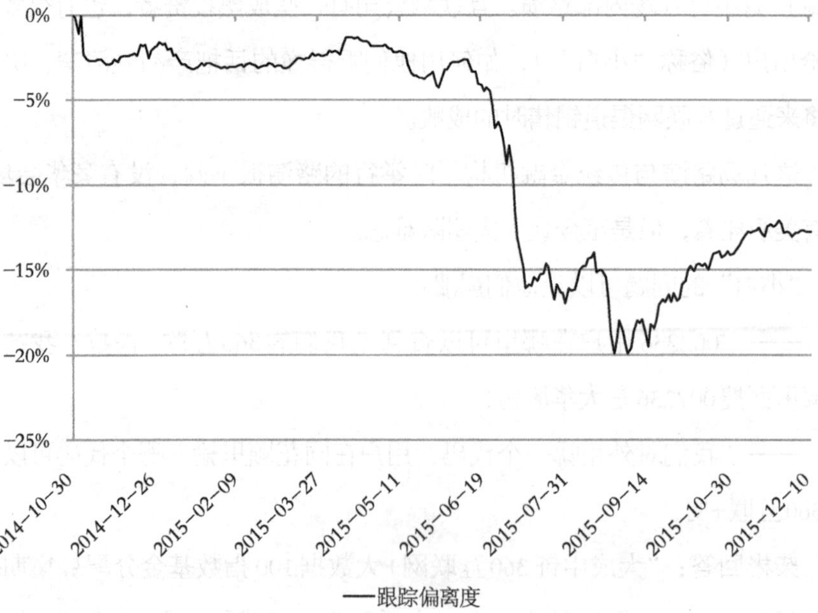

图3−1　某大数据指数基金的跟踪偏离度示意图

跟踪偏离度的计算方法是：设基金及其业绩基准都从净值1元开始，每天计算“基金净值/基准净值−1”，表示基金跑赢或者跑输基准的百分比。从图3−1中可以看到该基金跟踪偏离度的变化分为三个阶段。

1.基金成立到2015年6月中旬：基金的跟踪偏离度一直控制在−5%以内，非常理想。

2.2015年6月中旬到9月中旬“股灾”期间：这段时间市场经历了前所未有的迅猛下跌，而且大批股票跌停或者停牌，流动性丧失。根据规定，基金对停牌股票进行了估值下调，而指数并不调整，所以持续跑输基准。同时基金遇到大量赎回，通过季报数据看到该基金在三季度内份额被赎回了26%。基金首先需要不断抛售未停牌股票来应对赎回，使得停牌股票的比例更为增大，跟踪偏离也在扩大。停牌股票复牌后持续下跌，基金只能卖在低位。这段时期，市场暴跌、股票停牌和大量赎回是造成基金跑输基准的主要原因，跟踪偏离度从-5%扩大到-20%。

3.2015年9月中旬“股灾”结束后：市场恢复正常，流动性较为充足。这段时间基金的跟踪偏离度有所收敛，从-20%缩小到-13%左右。

综上分析，市场异常时期是容易出现跟踪偏离的时期。当市场恢复正常之后，基金的跟踪偏离也逐渐恢复正常。经历过这次“股灾”，市场会更加理性，监管部门也会加强监管，保证市场的流动性，这些因素都将有利于大数据指数基金更好地控制跟踪误差。

团队的一切工作都在有条不紊地进行，看起来360互联+指数基金的问世也会很顺利。但此时国内外的大环境却给持续A股带来了打击：多家券商受到稽查、人民币贬值、美联储加息、巴黎遭遇恐怖袭击、油价下挫……“反弹未必能变成反转。”这是市场人士的担忧，也没有人能预测市场人气恢复到什么程度——这一切，给基金募集造成了巨大的困难：“聪明钱会找到和相信我们吗?”这个问题萦绕在每个人心中。

第三节　熔断中的种子

钱是更多钱的种子，但获得第一块银币经常比获得第二个百万更困难。

——让·雅克·卢梭

资本市场一直有聪明钱（smart money）与笨钱（dumb money）之说。如何成为聪明钱？长期实战，潜心钻研，总结思考，再加上一定的天赋，你就变成聪明钱了。

“重要请知悉”的熔断

2015年12月30日，这一年的倒数第二个交易日，柴彬带来好消息：360互联+大数据指数基金在托管银行——中国工商银行的档期签报已审批完毕，发行档期正式定为2016年1月11日到1月29日，等大成方面完成必要的信息披露，就可以启动正式宣传。实际上，双方相关的文案等早已准备妥当。

翌日，当大多数人已经进入半休息状态等待跨年时，360互联网+大数据指数基金团队成员们也迎来了“熔断”机制实施前的忙碌准备，因为2015年12月4日上交所、深交所、中金所正式发布指数熔断相关规定。这一规定最主要的内容便是沪深300指数首次涨跌幅达5%，会触发熔断机制，暂停交易15分钟，首次涨跌幅达7%则停止交易直到收盘。市场各方也已为熔断制度进行了各种准备和安排，2016年1月1日起将正式实施指数熔断机制。

根据360大数据统计，熔断话题在这个月数次登上热搜榜，搜索指数趋势图里走出一根极其陡峭几乎垂直的线，这一话题成为全民热点。

同日，柴彬大成团队成员赵海宇在工作群里告诉大家“重要请知悉”的通知，关于指数熔断对开放日基金申购赎回转换等业务办理时间的影响，大成基金根据有关规定和行业做法按照如下原则进行处理。

1.若发生指数熔断且沪深交易所当日均恢复交易的，大成旗下所有基金的开放时间均不进行调整。

2.若指数熔断导致沪深交易所提前收市，大成将以沪深交易所提前收市时间作为当日“受熔断机制影响基金”（包括360互联网+大数据指数基金）申购赎回转换等业务办理的截止时间，如由于沪深交易所指数熔断规则不一致导致沪深交易所收市时间不一致，基金管理人将根据“孰早原则”确定截止时间，即以当日两地交易所较早收市者的时间为截止时间。

涉及指数熔断时的基金代销规则方面，当熔断导致基金申购赎回转换业务办理截止时间提前的情况下，相应的基金申购赎回转换业务规则也要跟着调整，其中代销规则如下。

1.投资人通过代销机构办理基金申购赎回转换业务，代销机构依据投资人提出申请的时间进行判断，申请时间早于当日截止时间的，按照当日申请进行处理。

2.如申请时间晚于当日截止时间的，则视为下一个开放日的申购、赎回或转换申请，投资人可以在下一个开放日的开放时间内办理撤单。申请时间以代销机构系统记录为准。如代销机构未做上述业务判断，将截止时间后投资人提交的申请并作当日申请上传给基金注册登记机构的，基金注册登记机构将依据代销机构上传的申请时间进行判断，申请时间早于当日截止时间的，按照当日申请进行处理；如申请时间晚于当日截止时间的，基金公司有权拒绝晚于当日截止时间的申购赎回转换申请，或将晚于当日截止时间的申购赎回转换申请按照T+1日申请处理。基金管理人或销售机构另有公告的除外。

3.此外，在指数熔断触发时，并不中断前台交易，投资者依然可以在平台上认购基金，只不过后台系统会依据规则顺延实际交易时间，因此，对基金代销平台影响应该不大，基金代销机构会做关于指数熔断的系统改造，和基金公司这边做好对接。

这些对于你财富客服负责人刘怡而言，是一个充满不确定因素的局面：因为不知道熔断会怎样发生、发生在什么时间点，她就没法预估具体的电话咨询量而加排客服人手。同样，对于管理着你财富诸多QQ用户群的徐善以及管理微信订阅号和服务号的张明月而言，也将是一个不小的挑战，一切新的变化都还是个未知数。

已经经历过两轮牛市两轮熊市的卢德夫此时正在密切监测大数据后台。根据360搜索指数（index.so.com）来看，用户在2015年9月8日（熔断机制征求意见发布）达到1941这一关注度小高峰后，随后近三个月一直处于很低的关注度上，而12月4日达到967（熔断机制正式出台），随后整个12月份就又停留在个位数至几十这样的指数关注水平，但在2015年12月31日突然又飙到157了。

持续在清华五道口金融学院做大数据金融课题这一经历帮助了卢德夫作出判断：对大盘走势和相关板块行情影响深远的某一项证券创新项目或新型证券活动而言，用户（股民）对其的关注度大数据结论依然会在熔断机制上适用，即前期用户对该项证券创新项目或新型证券活动主要关注度集中在了解和熟悉等基本普及方面，但后期用户对证券创新项目或新型证券活动的关注度会逐步转入实操和策略等基本操作层面，用户对一项证券创新项目或新型证券活动的态度将从“和我有啥关系”向“我有啥利可图”的方向转。元旦后这一新的市场机制的实施，将会在大数据后台留下暴涨的指数关注度和媒体关注度。

无疑，在“熔断”这个首次出现在中国资本市场的概念面前，金融业者和互联网业从业者一样，无法预知暴风雨的猛烈程度。但他们知道，在极端市场中，危与机总是并存的。尽管“市场不好、基金难卖”是一个常识，但基金市场还有一个常识叫“好卖的基金不赚钱，赚钱的基金不好卖”。

2015年牛市期间，基金发行动辄募集几十亿元，一日售罄者大把，买基金真的要靠抢，简直拼手速！然而悲剧的是，当时的很多基金直到现在都还没有回到股灾前水平，这就是“好卖的基金不赚钱”。Wind数据显示，截至2016年5月27日，成立至当天累计收益达到3倍及以上的偏股型基金一共有159只，只有1只是在牛市中后期成立，其余158只均成立在熊市或牛市的初期，这就是“赚钱的基金不好卖”。

豆瓣用户baby321123的一篇《工行前员工真实分享》帖子也更加说明了这个道理：

——2005年上半年成立的基金，在2005年7月1日——2006年7月1日平均回报达60%。

——2008年下半年成立的基金，2009年平均回报超过60%。

——2014年股票、混合基金单位净值增长TOP10中，6只是2013年成立的。

——2015年股票型、混合型基金单位净值增长TOP10中，6只是2013年成立的，2只是2014年上半年成立的。

同样截至2016年5月27日，Wind数据显示，2016年以来新发基金的平均发行份额为10.2亿份，股票型基金平均份额只有3.73亿份，偏股型基金的发行规模不仅低于平均水平，也低于2005年上半年和2008年下半年的水平。

总有聪明钱懂得提早布局明天：全世界的FinTech大势已至，中国也不会例外，刚性兑付一旦打破，寻找下一个相对安全的长期收益项目已迫在眉睫。

酒香也怕巷子深

2015年的最后一个交易日，上证指数收于3539.18点，一年的疯狂画上了休止符。在短短的200多个交易日里，中国股市经历了百亿基金一日秒光的疯牛狂奔，也经历了千股跌停、千股停牌的疯熊挥拳，无论机构还是散户，受到的心理冲击前所未有。这刻骨铭心的一年交易也随着跨年钟声的响起而化作尘埃，撒落在资本市场的长河里，股疯也好，“股灾”也罢，所有的爱与痛都让2015年6月以来的暴跌后反弹高点暂时停留在12月下旬的那个3684.57点。

而反观360互联+指数的全年表现，却绝对可以用“亮瞎眼”来形容：全年上涨196.04%！项目组中依然节假日无休的夏高也一如既往地在元旦当天更新了指数的业绩统计数据：“360互联+指数于2015年8月10日由中证指数有限公司正式发布，在中证指数有限公司官网、大成基金官网和各行情软件均可查询指数行情。自8月10日发布以来至12月31日，市场经历大幅震荡，360互联+指数取得良好表现，累计上涨34.04%；同期创业板指上涨5.32%，中证500下跌4.94%，沪深300下跌4.50%。”（如图3-2所示。）

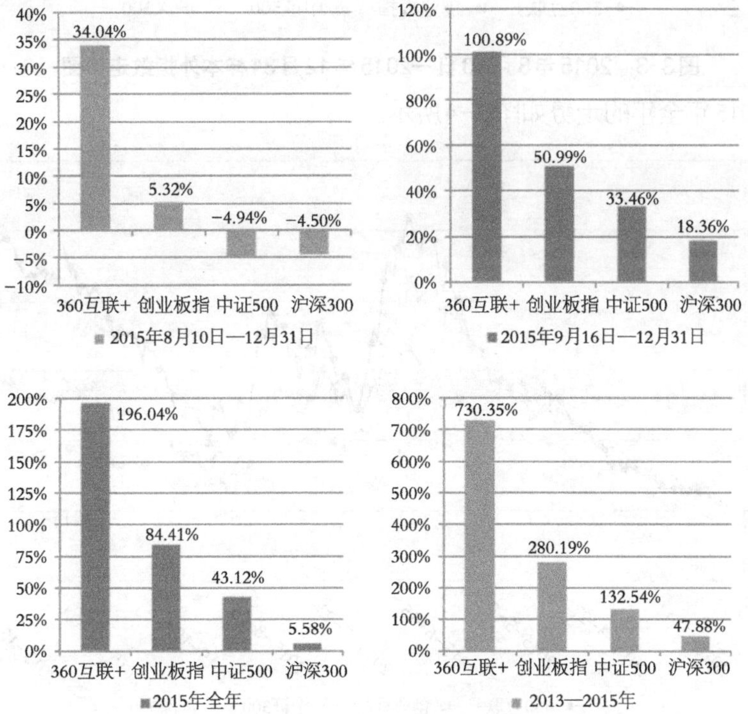

图3-2　360互联+指数业绩表现

2015年8月10日360互联+指数发布以来，到12月31日的样本外走势如图3-3所示。

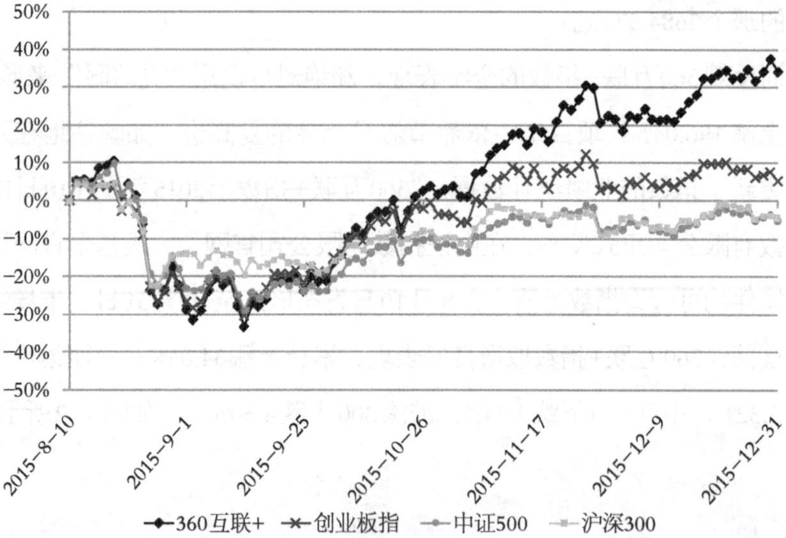

图3-3　2015年8月10日—2015年12月31样本外指数走势图

2015年全年的走势如图3-4所示。

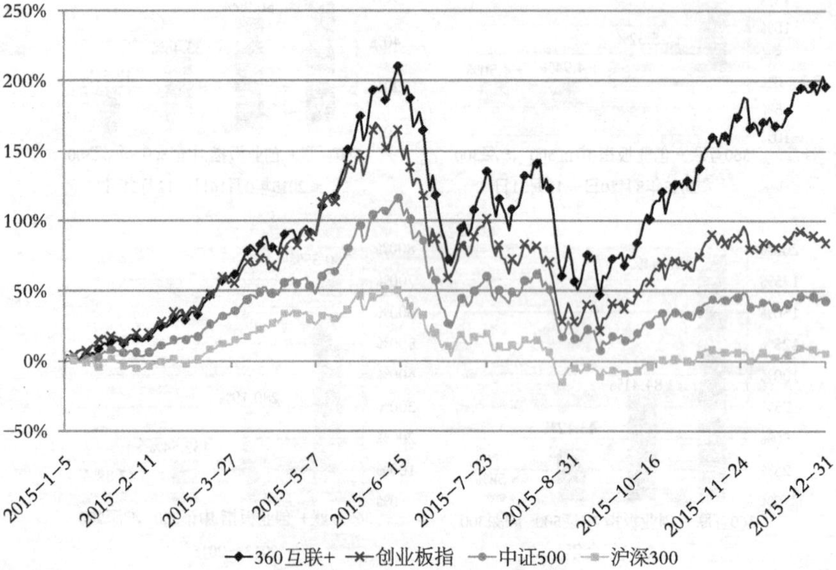

图3-4　2015年指数走势图

2013—2015年的走势如图3-5所示。

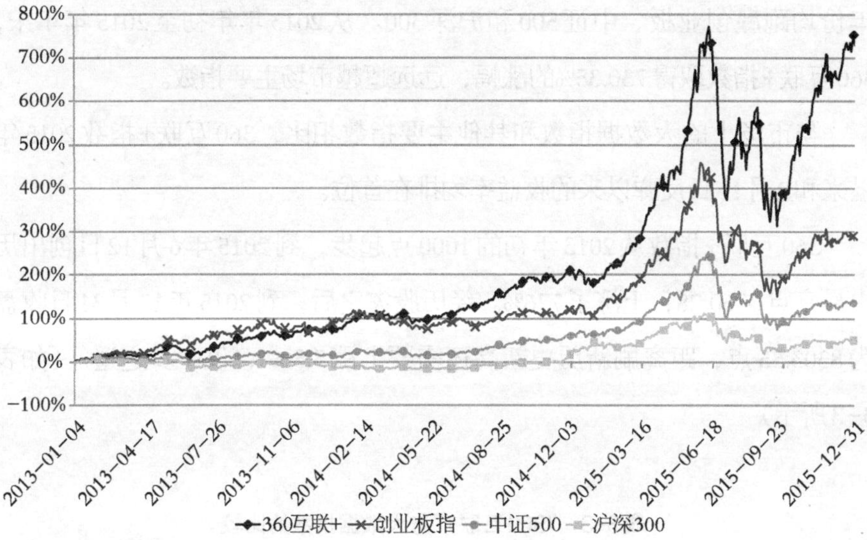

图3-5 2013—2015年指数走势图

分年统计如表3-1所示。

表3-1 分年统计表

时间	360互联+	创业板指	中证500	沪深300
2013年	76.23%	82.73%	16.89%	−7.65%
2014年	59.79%	12.83%	39.01%	51.66%
2015年	196.04%	84.41%	43.12%	5.58%
2013年至2015年	730.35%	280.19%	132.54%	47.88%

按照大盘走势分阶段统计如表3-2所示。

表3-2 市场走势阶段分析

开始日期	结束日期	市场类型	360互联+	创业板指	中证500	沪深300
2013年1月1日	2013年9月12日	震荡	54.96%	70.99%	17.38%	−0.61%
2013年9月13日	2014年7月17日	下跌	45.55%	7.55%	4.85%	−13.97%
2014年7月18日	2015年6月12日	上涨	287.59%	197.05%	186.40%	147.33%
2015年6月15日	2015年8月26日	下跌	−48.16%	−51.53%	−45.97%	−43.29%
2015年8月27日	2015年12月31日	上涨	83.95%	43.60%	22.11%	23.31%

分年来看，360互联+指数除了2013年小幅跑输创业板指数外，其他年份均跑赢创业板、中证500和沪深300。从2013年年初至2015年年末，360互联+指数取得730.35%的涨幅，远远超越市场主要指数。

与市场上的大数据指数和其他主要指数相比，360互联+指数2015年以来和9月16日反弹以来的收益率均排在首位。

360互联+指数从2013年初的1000点起步，到2015年6月12日创出历史最高点8760.28，上涨了776%。经历股灾之后，到2015年12月31日收盘为8303.55点，距离刷新历史新高还需要上涨5.50%，仅一步之遥。（如表3-3所示）

表3-3 "360互联+"与大数据指数的比较

指数代码	指数简称	指数编制方（不含指数公司）	2013—2015年	2015年	2015年9月16日—12月31日	距历史新高还需上涨
930734	360互联+	大成基金、360集团	730.35%	196.04%	100.89%	5.50%
930762	雪球精选	大成基金、雪球网	551.64%	167.59%	93.20%	5.52%
930705	电商数据	天弘基金、蚂蚁金服	625.99%	152.21%	73.53%	12.15%
930760	雪球智选	博时基金、雪球网	398.38%	125.83%	70.60%	15.89%
930729	银智100	博时基金、银联智惠信息服务公司	449.04%	117.01%	79.37%	9.54%
930624	CS医药	富国基金、蚂蚁金服	285.43%	113.13%	44.08%	15.10%
H30537	淘金100	博时基金、蚂蚁金服	553.74%	99.32%	57.46%	26.01%
930739	银策100	中欧基金、银联智策顾问有限公司	310.68%	95.14%	52.80%	9.90%
930623	CS娱乐	富国基金、蚂蚁金服	322.64%	75.36%	50.66%	34.98%
930763	CS房天下	博时基金、中国指数研究院	205.18%	72.30%	44.20%	34.54%
399415	I100	南方基金、新浪财经	418.75%	69.92%	38.94%	49.00%
H30373	百发100	广发基金、百度公司	294.70%	47.01%	48.23%	47.53%
930730	银策消费	鹏华基金、银联智策顾问有限公司	106.30%	39.44%	22.61%	35.80%

（续表）

指数代码	指数简称	指数编制方（不含指数公司）	2013—2015年	2015年	2015年9月16日—12月31日	距历史新高还需上涨
930759	雪球100	天弘基金、雪球网	156.58%	25.00%	30.20%	37.81%
399416	I300	南方基金、新浪财经	190.45%	19.08%	32.79%	35.73%
市场指数						
399006	创业板指		280.19%	84.41%	50.99%	48.78%
000905	中证500		132.54%	43.12%	33.46%	52.49%
000001	上证指数		55.97%	9.41%	17.77%	46.31%
000300	沪深300		47.88%	5.58%	18.36%	44.21%

“360互联网+”与其他互联网相关指数的比较如表3-4所示。

表3-4 “360互联网+”与其他网相关的比较

指数代码	指数简称	2013年至2015年	2015年	2015年9月16日至12月31日	距历史新高还需上涨
930734	360互联+	730.35%	196.04%	100.89%	5.50%
399805	互联网金融	356.83%	72.61%	43.22%	67.44%
H30535	中证互联网	269.32%	67.78%	35.34%	55.83%
000998	中证TMT	268.31%	75.60%	49.19%	48.24%
399970	移动互联网	260.55%	59.54%	51.45%	62.75%
399935	中证信息	182.96%	61.86%	48.81%	56.16%
399610	TMT50	165.62%	59.01%	39.17%	54.38%

夏高分析说，360互联+指数的优异表现主要来源于三个方面。

第一，指数选取的“互联网+”主题，紧随国家战略。企业通过与“互联网+”的结合，极大地提高了生产效率，降低了经营成本，从而改善了盈利状况。“互联网+”也是最符合“大众创业、万众创新”号召的产业。“互联网+”推动了企业的转型升级和创新成长，也就推动了企业的股价上涨。

第二，360公司作为中国极具品牌影响力和技术实力的互联网公司，积累了丰富的数据源和数据挖掘能力，能够从海量数据中找到有效指导投资的大数据因子。

第三，大成基金量化投资团队在多年的研究和实践中积累了众多有效的量化投资策略和经验，将传统的量化策略和大数据投资方法有机结合，取长补短，进一步提高了策略的有效性和投资业绩，做到了“一加一大于二”。

指数良好的业绩继续鼓舞着整个项目组。然而基金发售能否在熊市中突围而出？权益类产品真的卖不动吗？事实上，就在团队为360大数据基金排档期的时候，2015年11月9日，广发基金发行了拟任基金经理刘晓龙的广发多策略混合型基金，首发完成了50多亿元的资金募集。为此他还专门撰文答谢投资者：“时光淬炼，砥砺前行。”想想不久前的百亿秒光、排队开户，市场环境已经发生了天翻地覆的变化。又一个重任摆在了团队面前。“酒香也怕巷子深。”毕竟，大数据指数基金是个创新，如何令市场在熊市里愿意买这样一只创新基金，这个营销的难度相当高。

彼时，国内的基金销售渠道，银行占比70%，券商占20%，基金公司的直销和线上平台占10%，是个普遍情况，所以重点在银行渠道。柴彬和同事们在渠道里跑下来，发现银行对这种创新产品、量化产品不熟悉，有怀疑，他们更相信自己对市场的判断，或者更相信明星基金经理。有次柴彬跟夏高去一家大银行的支行路演，进去之后，就听一位副行长说他选股票、看行业、挑基金经理的光辉历史。本来是360互联+基金的路演，结果这位副行长反客为主地说了一个多小时，然后礼节性地说会关注这个产品……

另一个难以克服的障碍是渠道看到历史数据以后害怕360互联+基金未

来可能存在的波动性。“银行客户在当时的市场环境中，主要是考虑保值增值，所以银行渠道会卖得非常艰难。招商银行对360互联+基金就是这个思路，不是产品不好，是不适合他们的客户。在当时那个时点，这也说明中国理财界存在的一个问题，就是客户服务的精细化、个性化程度不足，没有为理财客户和投资人群提供有针对性的服务。”

至今柴彬还没有忘记，发行期间有一次到北京做路演的间隙，他一个人去工人电影院“包场”看了《极盗者》。“看到他们总是在完成不可能完成的事情，触动心弦。”大成基金互联网金融创新部是一个没有渠道的新部门，这次基金发行背的销售任务也最重，就当时的市场情形而言，“亚历山大”。他还记得看完电影回到酒店听到搭档徐文浩说，招商银行手机银行会跟这个项目合作，销售360互联网+大数据指数基金。虽然不知道有没有量、有多少量，“顿时眼睛都湿了”。所谓“男儿有泪不轻弹”，大抵如此。

而当“熔断”真正到来以后，那惨烈的场景依然令所有人唏嘘，但360互联网+大数据指数基金硬是在这样的市场环境中迎来了第一批宝贵的种子用户。令整个团队感到振奋的是，360平台显示出了强大的流量变现威力：360互联网+大数据指数基金通过360平台销售的量占到整体销售量的近1/3!

回顾这一段大盘“熔断”后开始的艰难销售历程，除了你财富的各种推广位置外，360导航、360安全卫士开机小助手、360搜索、360新闻、360PC浏览器、360无线浏览器、360安全卫士加速球以及360网盾等相关的集团各产品均给予了推广，正是有这么多给力的资源支持，让这只在互联网渠道上的销售规模占到总规模的大头。

首批用户跑步进场

2016年1月4日，刚经历完元旦小长假的股民，直挺挺地被2016年的第一个交易日“放倒”了：这一天，沪深300指数先后触发5%和7%两档熔断阈值，这是中国资本市场的首度“熔断”。

当天，沪深两市低开低走，午后两市持续下挫，13：13分，沪深300指数跌5%触发熔断，三家交易所（上交所、深交所、中金所）暂停交易15分钟。创业板指数暴跌超7%。13：28，两市恢复交易，随即沪深300指数跌逾7%，触发熔断机制最高阀值，股票现货和股指期货市场于下午13：33暂停全天交易。全市场仅40余只A股收涨，将近1800只跌停，2000只下跌超过9%。创业板暴跌8.21%，中小板暴跌8.23%。当然A股熔断导致的暴跌也引发了整个亚太地区的连锁暴跌，日经指数和香港恒生指数尽墨。

熔断第一天，360大数据后台显示，熔断的搜索指数趋势达到117614，是前一天的1680倍；媒体关注度达到12298，是前一天277的44倍多。

尽管如此，360互联+的市场营销步伐依旧。当晚，来自大成的严艳纯告诉项目组一个好消息：“我们和招行手机银行合作，今天正式开始！”深夜，你财富的PC端PM徐启伟拿出了正式的宣传页面，工作群的讨论热火朝天。

柴彬：“我们和招行推出的大数据预热宣传，360产品的预热一波接一波。”

卢德夫：“股市这么熔断下去对建仓是有利的，但对宣传和销售就惨了。”

赵海宇：“快、狠、准。”

……

大成王洋：“聪明钱会看到机会的。”

这是当天的最后一条留言，来自这位本科毕业于中国人民大学、又从哈佛大学肯尼迪学院留学归来的高材生。现在看来，当晚的这句总结，实在极其准确且富有哲理。

2016年1月5日，上证指数收出一根低开阳线，盘中振幅高达139点，最后收于3287.71点，离当日低点拉回近100点，最后大盘微跌0.26%。这一天，熔断的搜索指数趋势达到42578，是前一天117614的1/3多；但媒体关注度达到22883，是前一天12298的近两倍。

1月6日，小寒节气，上证指数继续收出一根阳线，3291.19点开盘，3361.84点收盘，涨幅2.25%，这一天，熔断的搜索指数趋势降至4971，仅是前一天42578的10%多；媒体关注度降至13909，也降至前一天22883的1/2多。

第三章　起　步

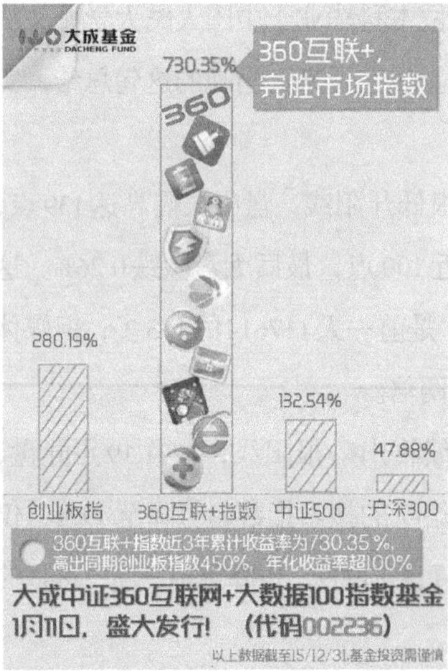
大成基金
DACHENG FUND
730.35%
360互联+，
完胜市场指数
280.19%
132.54%
47.88%
创业板指
360互联+指数
中证500
沪深300
360互联+指数近3年累计收益率为730.35%，
高出同期创业板指数450%，年化收益率超100%
大成中证360互联网+大数据100指数基金
1月11日，盛大发行！（代码002236）
以上数据截至15/12/31基金投资需谨慎

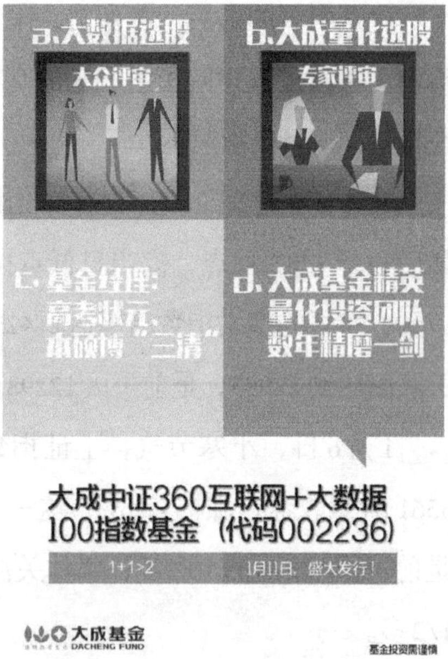
a.大数据选股
大众评审
b.大成量化选股
专家评审
c.基金经理：
高考状元、
本硕博“三清”
d.大成基金精英
量化投资团队
数年精磨一剑
大成中证360互联网+大数据
100指数基金（代码002236）
1+1>2
1月11日，盛大发行！
大成基金
DACHENG FUND
基金投资需谨慎

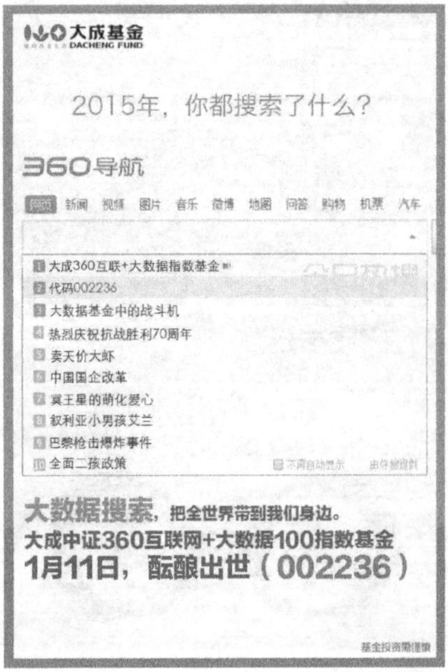
大成基金
DACHENG FUND
2015年，你都搜索了什么？
360导航
网页 新闻 视频 图片 音乐 微博 地图 问答 购物 机票 汽车
1 大成360互联+大数据指数基金
2 代码002236
3 大数据基金中的战斗机
4 热烈庆祝抗战胜利70周年
5 卖天价大虾
6 中国国企改革
7 冥王星的萌化爱心
8 叙利亚小男孩艾兰
9 巴黎枪击爆炸事件
10 全面二孩政策
大数据搜索，把全世界带到我们身边。
大成中证360互联网+大数据100指数基金
1月11日，酝酿出世（002236）
基金投资需谨慎

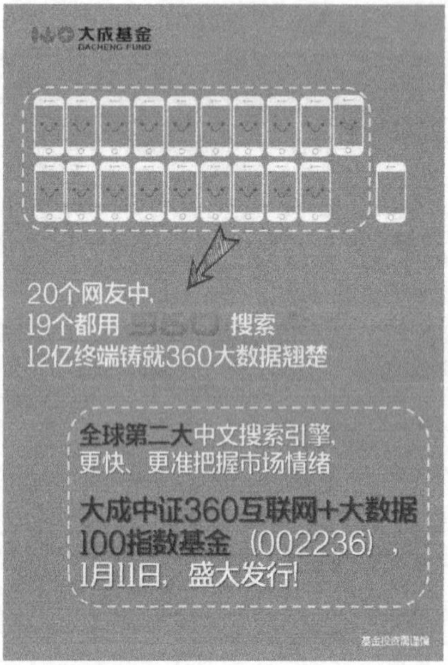
大成基金
DACHENG FUND
20个网友中，
19个都用360搜索
12亿终端铸就360大数据翘楚
全球第二大中文搜索引擎，
更快、更准把握市场情绪
大成中证360互联网+大数据
100指数基金（002236），
1月11日，盛大发行！
基金投资需谨慎

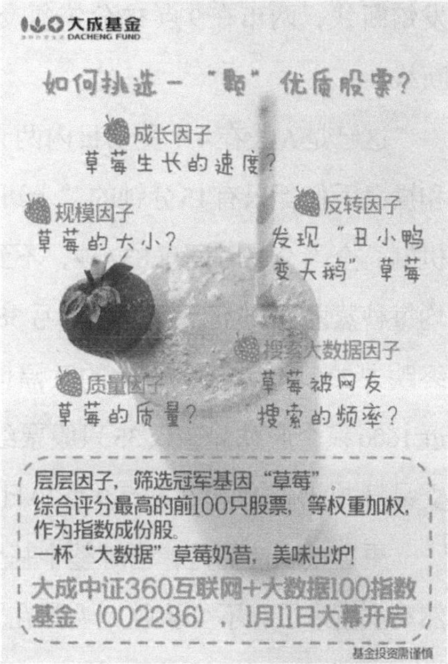

就在这两日，大成中证360互联网+大数据100指数型证券投资基金发售公告也在大成基金官网发布，同时还发布了相关的代销机构名单。随后，一组以360互联+基金（002236）为主题的发行宣传图出炉。

随着在传统银行渠道、传统基金销售渠道和互联网渠道的全方位营销攻势展开，360互联网+大数据指数基金迎来了首批用户。在你财富的用户后台开始有越来越多的用户询问基金的购买方式，甚至有用户开始对宣传海报表扬和吐槽。这其中不少是360集团的员工——新兴行业的用户总是能够很快接受创新产品，但也会更挑剔。这也让包括柴彬、卢德夫和夏高在内的团队主要成员开始思考一系列问题：金融产品如何抓住下一代或者再下一代的用户？对于他们来说，购买金融产品，是否不再是理财场景而会变成消费场景？面对小白用户，传统的营销方式需要如何改进？

经历随后两个交易日，即中国小寒节气的短暂缓冲后，1月7日A股市场又开启熔断之旅。早盘9点42分，沪深300指数跌幅扩大至5%，再度触发熔断线，两市在9点57分恢复交易后继续下挫，并再度触发第二档熔断线。

这已是A股在4个交易日内两天触发熔断机制。这一天，中国的股民和操盘手们都只有15分钟的“上班时间”和“操盘时间”，因为触发熔断机制，全天交易时间仅857秒，不到15分钟，市值蒸发38604.15亿元，平均每秒蒸发45.05亿元，人均浮亏38952.62元。上证指数振幅193.77点，最终跌去236.84点，而7.04%的跌幅也再次让市场出现千股跌停惨象，两市近1600只个股跌停，仅35只股票红盘。从后来的行情走势复盘看，这一交易日7.04%的跌幅在截至9月30日的2016年中也排到跌幅榜第一。

更富戏剧性的是，当时整个基金行业刚学习完怎么应对熔断，熔断竟然马上就来了。不少从业人士都在开玩笑：“这是在测试呢，没事的，第一次测试的是向下熔断，第二天该测试向上熔断了。”可是，很快盘面的巨变就让整个市场陷入了恐慌。基民如被惊吓的羊群，拼命斩仓赎回，基金经理被迫卖出股票以应对赎回压力。

这一天，熔断的搜索指数趋势飙升至131300，是史上最高；媒体关注度达到16432，因为平面媒体等的延时性，这一数据在随后的一个交易日即2016年1月8日迎来了史上最高的29721。

根据360大数据统计，对于熔断及熔断机制话题的关注，男性网民高达63%，几乎是女性网民（37%）的两倍。年龄分布方面，20—29岁和30—39岁这两个年龄段的网民占比均达到26%，其次40—49岁年龄段的占比21%，也即20—49岁网民关注这一话题的占比超过73%。在地域分布方面，广东、江苏、北京、浙江、河南、湖北、上海、四川、陕西、海南等10个省市占据前10名，“熔断”成了一个全民话题和聚焦点。

硬币总有两面。此时，熔断带来的固然是极度的悲观情绪，但还是有人在忠实地执行“恐惧中贪婪”的信条。JP Morgan曾经说过：“问题只有简化为简单形式才能被解决。从含混不清的困难到特定的具体形式之间的转变，是思考中最重要的元素。”

“广发在这时候能发出50亿，这说明，不是权益类基金卖不动，而是你的产品要有特色，要具有说服力。广发的产品靠的是明星基金经理，我们360互联+的优势是靠机器、靠大数据、靠量化能力，将来它也会成为明星。”作为一个经历过海内外资本市场无数风浪的前投资银行家，温智敏总会在关键时刻挺身而出给大家打气。为此，他不惜“搭上人品声誉”地在自己的朋友圈、校友圈大力推荐这只产品。他收到的第一个100万的认购订单便来自他的同学。

无独有偶，1月8日，卢德夫在五道口的一位同学发来这样一条消息：“亲，我打算认购100万，觉得这是个方向。”

附：熔断的前世今生

根据《新华网·财经频道》的“图解财经”报道，所谓熔断机制（Circuit Breaker），也叫自动停盘机制，是指当股指波幅达到规定的熔断点时，交易所为控制风险采取的暂停交易措施。

熔断机制最早起源于美国，芝加哥商业交易所曾在1982年对标普500指数期货合约实行过日交易价格为3%的价格限制。但这一规定在1983年被废除，自到1987年出现了股灾，才使人们重新考虑实施价格限制制度。

1987年10月19日，纽约股票市场爆发了史上最大的一次崩盘事件，道琼斯工业指数一天之内重挫508.32点，跌幅达22.6%，由于没有熔断机制和涨跌幅限制，许多百万富翁一夜之间沦为贫民，这一天也被美国金融界称为“黑色星期一”。

1988年10月19日，美国商品期货交易委员会与证券交易委员会批准了纽约股票交易所和芝加哥商业交易所的熔断机制。根据美国的相关规定，当标普指数在短时间内下跌幅度达到7%时，美国所有证券市场交易均将暂停15分钟。

2015年6月下旬，中国开始了一轮股市异常波动，上证指数仅用了两个月从5178点一路下跌至2850点，下跌幅度近达45%。为了抑制投资者可能产生的羊群效应，抑制追涨杀跌，让投资者有充分的时间可以传播信息和反馈信息，使得信息的不对称性与价格的不确定性有所降低，从而防止价格的剧烈波动，中国证监会开始酝酿出台熔断机制。

2015年9月6日，据《人民网·股票频道》报道，中国证监会负责人以答新华社记者问的形式发表谈话，表示要把稳定市场、修复市场和建设市场有机结合起来。证监会负责人晚间答记者问时表示，证监会将研究制定实施指数熔断机制。

2015年9月7日，据《人民日报》报道，上海证券交易所、深圳证券交易所和中国金融期货交易所发布征求意见通知，拟在保留现有个股涨跌幅限制制度前提下，引入指数熔断机制。

2015年12月4日下午，上交所、深交所、中金所公告，经中国证监会同意，上交所、深交所、中金所正式发布指数熔断相关规定，并将于2016年1月1日起正式实施。根据三大交易所正式发布的指数熔断相关规定，A股熔断标的指数为沪深300指数。熔断阈值为5%和7%两档，指数触发5%的熔断后，熔断范围内的证券将暂停交易15分钟；如果全天收盘前15分钟触发5%或全天任何时间触发7%，将暂停交易至收市。

熔断机制于2016年1月1日起正式实施。1月4日和1月7日，A股市场在四个交易日里遭遇两熔断。当时市场上有人认为，经历过2015年的千股跌停、千股涨停，随着股指期货持仓限制缩小，熔断机制正式实施，2016年市场的波动率或将降低，个股大分化或将是主基调，资金的炒作模式可能发生改变，投资者的思维模式、操作方式可能都需进行调整，才能更好地适应动荡和分化的市场。但也有意见认为，熔断制度在中国资本市场水土不服。

2016年1月7日，即第二个熔断的日子，沪深300指数从5%跌至7%仅用了一分钟时间。全天交易在15分钟内宣告结束。从成交量上看，沪深两市合计成交量仅1800多亿，市场在地量成交的情况下就将指数打至熔断收盘。

上交所、深交所和中金所2016年1月7日消息，经中国证监会批准，三大交易所决定暂停实施“指数熔断”机制，以维护市场平稳运行。

第四章 爆发

KUI BU

第一节　是时候了

我爱截止日期，我喜欢它们飞过去时发出的“嗖嗖”声。

——道格拉斯·亚当斯

不是每一位基金经理，都有勇气在市场最低点登上社交平台与投资者正面交锋。没错，就像凯恩斯说的：“在市场回归理性之前，你很可能已经破产了。”002236，show time.

幸福的烦恼

“360互联+基金的发行档期被正式敲定为1月11日到1月29日，1月4日开始就是上线倒数一周，指数代码：930734，基金代码：002236，1月11日上午9:30首发”。这一组数字，项目组每个成员都能背出来。熔断，这一特殊的发行档期多少带着点悲壮的味道。“风萧萧兮易水寒”，有人干脆把签名都换成了这个。

压力归压力，1月7日傍晚，在基金发售的倒数第4天，你财富公众号发布了《“揭秘”究竟什么是360互联+指数?》的文章，为1月11日早上的发售作最后的预热。

当天和当晚，关于“熔断”的话题占据各大热门话题榜榜首。也就在这晚十点半，三大交易所宣布自1月8日起暂停实施指数熔断机制，证监会官网挂出了《证监会新闻发言人邓舸答记者问》，“引入指数熔断机制的主要目的是为市场提供‘冷静期’，避免或减少大幅波动情况下的匆忙决策，保护投资者特别是中小投资者的合法权益；抑制程序化交易的助涨助跌效应；为应对技术或操作风险提供应急处置时间。熔断机制不是市场大跌的主因，但从近两次实际熔断情况看，没有达到预期效果，而熔断机制又有一定‘磁吸效应’，即在接近熔断阈值时部分投资者提前交易，导致股指加速触碰熔断阈值，起了助跌的作用。权衡利弊，目前负面影响大于正面效应。因此，为维护市场稳定，证监会决定暂停熔断机制。”

同时该答记者问表示，“引入熔断机制是在2015年股市异常波动发生以后，应各有关方面的呼吁开始启动的，有关方案经过了审慎的论证并向社会公开征求了意见。熔断机制是一项全新的制度，在我国没有经验，市场适应也要有一个过程，需要逐步探索、积累经验、动态调整。下一步，证监会将认真总结经验教训，进一步组织有关方面研究改进方案，广泛征求各方面意见，不断完善相关机制。”

“今晚的公号头条热度只有四个小时便被证监会的熔断新闻抢了，今晚还是星期四，还没到新闻发布会时间呢。”张明月苦笑道，这位曾经打造出四十几万粉丝的股票公众号运营达人，在最短时间内，不花一分钱将你财富服务号和你财富订阅号的粉丝数均做到了10万。她所指的发布会，便是每周五下午收盘后的证监会新闻发布会。这一晚，她因“你财富”公众号已发布文章，没法再为十几万订阅用户推送最新的证监会新闻而懊恼。

懊恼归懊恼，周五的市场还是给了她新的希望。1月8日，即证监会紧急暂停熔断制度后的第一个交易日，沪深两市高开后震荡走高，煤炭、钢铁、券商、保险和房地产等权重板块强势推动指数上升，个股全线反弹，两市逾2500股上涨，沪指收涨61点，涨幅1.97%。但临近尾盘，两市冲高回落，创业板翻绿，全天沪指振幅近180点，全天一根十字星，不免让股民对后市产生一丝不良的预感。

周末的两天让人煎熬。来自360大数据的反馈，媒体关注度方面，这个周末媒体对股市的关注度是元旦的近3倍，但网民对股市的关注度这一数据却只有两倍，即网民对当下股市的关注度继续偏低，散户对当前股市最关心的话题依然是熔断。经历开年熔断打击的股民和基民面对大市不稳，心态可想而知。各种新发产品尤其新发公募基金的销售量跌入冰点，项目组成员此时面临的市场压力甚至比研发期间还要大。

与此同时，你财富的客服负责人刘怡罕见失眠。这位空姐出身的美女客服掌门人总是把用户的意见和反馈放在第一位，能因为用户的一个不满意电话和功能诉求同时跟十来个部门的leader“开战”，直到问题顺利解决。

问题总在最关键的时刻来临。面对即将发售的基金，用户纷纷开始通过各种渠道在周末即打听怎么认购最划算。习惯了在互联网销售渠道四折甚至一折认购新发基金的用户，面对认购不打折的规定，各种不理解和疑问劈头盖脸地扔向客服团队。

与此同时，因为合作双方的各种市场预热，一些准备好了钱想在下周一上午一开售即认购的基民，却因为“你财富”App在某些渠道突然失灵而暴怒。面对下载页面出现的“抱歉，当前不支持iOS版本的下载！”这一提示，一些新下载App的用户开始打客服电话怒骂：“认购通道，认购通道呢?!”

是应用宝配置不对？还是App技术团队做了什么更新或调整？经过技术团队和产品团队的紧急排查，问题总算解决。

“应该没有其他问题了吧?”

“明天开始的认购情况会怎样呢?”对于客服与技术团队和项目组成员而言，又是一个没有休息的周末。

时间终于来到了2016年1月11日，360互联+指数基金可以认购了。“QQ群里沸腾了，在问H5何时能上。”一大早，7点刚过，“超级管理员”徐善已经应接不暇。这位靠一己之力，没花一分钱将你财富的QQ粉丝群从零做到七八千人，通过其独特的QQ粉丝管理手段，将这七八千人变成“忠粉”，且你财富创立以来屡次让QQ群在新产品销售上立奇功的“大长腿”帅哥一早又忙开了。

“微信里来问PC和H5哪个认购费率更低，和他们解释了我们这次一视同仁同一费率。”张明月苦笑着。

“打完这场硬仗，我私人请大家happy！”卢德夫给这几位“铁金刚”打气。

“温（智敏）总一同学认购了100万元。”柴彬这边也开始传来好消息，各种渠道的反馈相当踊跃。

“热心网友来电，求认购通道，刘怡。”

“PC可以购买了，刘怡。”

“H5列表页可以购买了，刘怡。”

“App这里可以购买了，刘怡。”

“扣款成功，但是显示支付失败啊，刘怡。”“注册手机号能麻烦发来一下，我们找技术查询下。”“他收到确认短信啦。”“嗯嗯，我们后台显示已经成功了。可能是早上购买产品和抢购的人有些多，通道稍微有些滞后。”

“哇，好幸福的烦恼。”

……

这边厢，积聚了许久的人气在积极认购着360互联网+大数据基金；那边厢，刚经历了周末两天短暂歇息的股民们也开始面对新一天的大盘动荡。

《沪指持续重挫跌5.3%逼近3000点再现千股跌停》，从媒体的报道中可见，熔断虽然暂停，但A股跌势依然不停，市场依然还没企稳。尤其当天临近尾盘，随着市场各板块全面下跌，市场恐慌情绪继续蔓延，沪指也跌逾5%，创三个月以来新低，各板块全面沦陷。截至收盘，上证指数报3016点，跌5.33%，深证成指收报10212点，跌6.21%，创业板指报收2106点，跌6.34%。

大盘经历随后周二一天的小幅调整（上证指数微涨6点，涨幅0.20%）后，1月13日午后，沪指低位震荡，随后大幅跳水跌逾1%，失守3000点。盘面上，各大板块普跌，仅钢铁板块逆市翻红。沪指临近尾盘再度加速跳水，彻底失守3000点，逼近“股灾”期间的最低点2850点。成交量继续萎靡，两市合计成交仅5000多亿元，沪指收报2949.60点，跌2.42%，正式回到“2”时代；创业板指报收2059.78点，暴跌4.09%。

根据机构的调研，这一天里出逃的资金主要是以两融资金、绝对收益型产品为主，这些账户受制于平仓线，不得不被动卖出。绝对收益型产品一般设有止损线，很多产品的设计是，如果亏了20%，为了保护本金就清掉了。但由于前期熔断跌得太凌厉，来不及调仓就跌破止损线了。项目组里一位成员记得，他一个要好朋友的私募也在这一天被“清盘”了。回想起该朋友之前在公募基金时的风光，不免令人唏嘘。

据《金融投资报》报道：“A股市场各类基金大幅减仓，其中股票型基金减仓幅度最大，减仓4.17%至89.95%；配置混合型次之，减仓3.03%；偏股混合型以及指数型减仓幅度分别为2.62%以及2.32%；偏债型基金也明显降低了仓位，以债券型减仓幅度最大，平均减仓2.92%；转债混合减仓最少，减0.30%至0.66%；保本型与债券型平均减仓1.33%、2.92%。”

面对市场异动，夏高有些沉默。他在密切监测指数在单边下跌市场中的表现，团队成员也都很默契地没有去打扰他。“放宽心，好好过周末。”周六一早，卢德夫收到了夏高的这条消息。默契与打气，是他俩背着这个项目重压前行的解压阀。

反弹中的亮点

夏高的淡定是有理由的。

1月14日，周四。早盘一开市，承接上一个交易日的下跌，重回“2”时代的大盘继续颓势。沪深两市大幅低开，沪指失守2900点，券商板块奋力护盘，随后跌幅收窄。午盘后两市开始强势反弹，沪指成功收复3000

点，创业板指大涨逾5%。上证指数收报3007.65点，涨幅1.97%；深成指收报10344.94点，涨幅3.67%；创业板指收报2175.01点，涨幅5.59%。当日题材股大幅反弹，全线大涨。

每逢反弹倍威猛！这一天，360互联+指数上涨4.79%，再次名列15只大数据指数之首，充分显示出360互联+指数在反弹之中的优异表现。（如表4-1所示）

表4-1 2016年1月14日大数据指数表现

指数代码	指数简称	涨跌幅
930734	360互联+	4.79%
H30373	百发100	4.05%
930624	CS医药	4.02%
930759	雪球100	4.01%
930623	CS娱乐	3.78%
930762	雪球精选	3.64%
930760	雪球智选	3.57%
H30537	淘金100	3.55%
930705	电商数据	3.53%
930729	银智100	3.36%
399415	I100	3.26%
930739	银策100	3.12%
930730	银策消费	2.45%
930763	CS房天下	2.36%
399416	I300	1.99%

实际上，项目组经过充分讨论研究，认为这一轮调整与2015年6月中旬开始的调整有多方面的相似之处。

1.调整过程伴随去杠杆动作。上一轮调整缘起清查配资，股市在剧烈的去杠杆过程中形成暴跌，沪深两市的融资余额从6月中旬的2.27万元下降到9月底的0.91万元，下降了60%。本轮调整，沪深两市的融资余额从1.21万元下降到目前的1.03万元，已接近前期融资余额的低点。

2.两轮调整都与大股东减持政策有关。上一轮调整中，证监会于2015年7月8日发布公告，规定上市公司控股股东和持股5%以上股东及董事、监事、高级管理人员不得通过二级市场减持本公司股份。虽然市场并没有立刻见底，但是此政策客观上减少了市场的抛压，上证指数反弹了近18%之后逐步向下探底成功，迎来"股灾"之后的上涨。本轮调整开始后，证监会于2016年1月7日发布减持新规，要求大股东在三个月内通过证券交易所集中竞价交易减持股份的总数不得超过公司股份总数的1%。1月13日，沪深交易所发文密切关注大股东通过竞价交易、大宗交易及协议转让方式进行减持的行为。1月14日，创业板首批28家上市公司大股东承诺不减持股票。这一系列政策措施将有利于市场稳定。

3."国家队"入市是对市场的有利支持。上一轮调整中，证金公司等"国家队"入市稳定市场，上证指数在2850点附近开始企稳，这成为市场的有力支撑位。1月14日市场低开，上证指数在临近前期低点2850点附近时开始反弹，全天上涨1.97%。在国家维护市场稳定的行动支持下，市场有望逐步企稳。

4.急跌之后容易出现更好的投资机会。A股是新兴市场股市，历来波动性就大于成熟市场股市，急跌之后出现的投资机会更应把握好。上一轮调整之后市场迅速反弹，不少股票甚至刷新历史新高，360互联+指数从底部也上涨了100%。这一轮调整也属于急跌，建议投资者此时应当积极布局权益类产品。

巴菲特说过："如果市场有效，我就是在街上捧铁罐要饭的流浪汉。"于是，基于以上判断，一幅至今仍为基民们津津乐道的宣传图顺势而生。

大成基金
DACHENG FUND
底部有大鱼！
大成360互联+指数基金（002236）
上一次股灾后，该指数涨了100%*
5000点
4000点
3000点
低位建仓，钓起就是大鱼！
*反弹区间2015/9/16 -2015/12/31；基金投资需谨慎

狭路相逢勇者胜

在大盘震荡下行的过程中，360互联+指数也出现回调，但是仍不乏亮点。

1月18日，360互联+指数反弹了3.05%，位列当时全市场15只大数据指数之首。

1月19日，360互联+指数继续名列大数据指数涨幅之首，4.69%的涨幅也战胜了市场主要指数。

1月22日，市场V型反转，360互联+指数上涨2.67%，再次领跑大数据指数和市场主要指数。

实际上，这几日市场的反弹依然是在市场一片的肃杀声中展开的：1月15日，大盘再度暴跌3.55%，勉强收于2900点。

经过周末的短暂休息后，大盘在1月18日和1月19日分别收红。1月20日，沪指跌破3000点低开后震荡走高，但受到港股市场大跌拖累，市场总体上在3000点以下徘徊。临近尾盘，个股开始异动。截至收盘，沪指小幅收跌近1%，创业板指跌幅超1.5%。

1月21日，大盘跌破2900点，沪指报收2880.48点，跌幅3.23%。

又经历了23日和24日周末两天的休息后，1月25日小幅反弹，1月26日大盘迎来了6.42%的下跌，当日沪深两市遭遇惨烈杀跌，逾千股跌停，沪指跌破前期低点，最低下探至2743.84点。

在此背景下，资金撤离步伐加快。当日沪深两市净流出金额达到487.05亿元，创下2015年11月13日以来的新高。值得注意的是，尾盘市场快速跳水，净流出金额也迅速扩大，超过100亿元，达到101.94亿元。短期市场情绪再次遭遇重创。

而相关数据显示，截至1月15日，仅仅信托和自主发行两个渠道的普通股票策略私募基金中，已经有1072只单位净值跌破0.8元，并且其中有363只基金单位净值跌破0.7元。而市场上通常的说法是，阳光私募基金的清盘止损线一般设在0.8—0.7元，这就意味着上述千只私募基金处于岌岌可危的状态。

尽管市场情绪到了极度恐惧，一点异动都可能导致资金大逃亡，但恐惧的时候贪婪！是时候了！

1月25日，英大证券首席经济学家李大霄称2850点有非常坚实的基础，并坚定地认为这个地方还是婴儿底，且是婴儿底的底部，可能不会再下移了。

1月26日，李大霄再次发声称“A股酝酿惊天大反击”，随后其再称A股在婴儿底的绝地反击，也许即将发生……

这一天，刘怡也在迎接最后4天的认购，市场反馈也是两种截然不同的声音。

一种是认同底部，但经历了前期半个月的认购后，最后几天的认购量其实也增长乏力，用户的反馈中也不乏认真分析和期待的，“股市已经渐渐放慢步伐，我们希望它慢慢走慢慢走，走到股民心中那个期待的地方。”

另一种是不认同底部，对股市和基金市场用脚投票。尤其2016年农历春节前再遇到这种千股跌停境况，对市场信心尤其基民的认购热情有相当大的影响：“股市难免途中劳累需要休息，慢牛稍微打一个盹，股民们就害怕得不得了。所以为了让股民们安心，大家就不要再来讨论是持币过年还是持股过年了。目前这种大市状况，持币过年最稳妥了，钱在自己银行账户里比放在股市里安全多了。钱揣自己兜，安心过大年。”

时间来到2016年1月27日，中国传统农历年份的腊月十八，离小年仅剩3个交易日。这一日大盘高开之后快速下杀，沪指一度跌破2700点逼近2600点，午后“两桶油”带头护盘，中小创直线拉升带动整个市场人气。最终创业板指收红，沪深两市小幅微跌。沪指跌0.52%报2735.56点，深成指跌0.64%报9422.70点，创业板涨0.17%报1997.47点。截至收盘，两市合计成交5102亿，上证指数震荡130.47点，最高跌去111.49点，并创出了2638.30点的低点，从后来的行情走势复盘看，这一点位也成为截至9月30日的整个2016年度最低点。

从这一轮反弹的高点3684.57点，到1月27日的这个低点2638.30点，跌去了整整1046.27点，逾千点的跌幅，让这一轮调整幅度高达28.40%。

这一天收市后，360互联+基金的拟任基金经理夏高正式在雪球网进行线上访谈，线上回答网友们提问。问题精彩，夏高的回答也底气十足。

雪球访谈：大成基金夏高谈量化投资机遇

2016年开市以来，在美国加息、人民币贬值、大小非减持、IPO重启和两次熔断等一系列事件的冲击下，上证累计下跌将近1000点。如果2016年注定是不平静的一年，那么作为普通投资者，我们该如何在不平静中保持平静，在黑暗中寻找光明？

本期访谈我们请到了大成基金基金经理夏高@大成基金官方账号，他目前管理着大成中证红利指数基金和大成中证互联网金融指数分级基金，也是大成即将推出的中证360互联网+大数据100指数基金的拟任基金经理。他曾担任大成基金数量投资部高级数量分析师，擅长大数据分析和投资。

2016年的市场环境下，究竟还有哪些投资机会？指数和数量化投资未来将承载何种独特机遇？小伙伴们速来提问吧。

夏高：

大家好，我是大成基金数量与指数投资部基金经理夏高，很高兴能和大家进行交流，欢迎大家提问。

01–27　15:02来自雪球访谈

鏖战先觉者：

作为普通投资者，个人认为量化基金是开启上证指数（SH000001）牛市的最大阻力，而且助跌，也是开启牛市沪深300（SH000300）的最后爆仓者，牛市启动，量化基金爆不爆仓，成了启动创业板指（SZ399006）牛市成不成功，场内中小板指（SZ399005）的反向指标，所谓熊市注重量化，当然不是指大人管理的量化基金，大人有何见解？对此有何看法？

夏高：

这个观点是不正确的。首先量化基金和其他公募基金是一样的，在法律法规上都受到严格监管；其次，量化基金虽然经过多年发展，目前在市场上所占份额仍然比较小，把量化基金看成市场下跌的推手是不客观的。量化基金采用模型进行投资，比主观投资更加能够排除人的情绪干扰，对于稳定市场反而更加有利。

01–27　15:13来自雪球

UberMonk：

目前对冲工具比较贫乏，不知道您对于这块怎么考虑的。

夏高：

目前对冲工具比较贫乏，客观上对于绝对收益产品的运作带来较多困难。我们可以考虑对冲之外的一些投资策略，比如择时、事件驱动或者各种低风险套利策略。

01–27　15:13来自雪球

Aslingch：

即将推出的大数据基金的选股思路是什么？大数据在炒股上真的很有用吗？

夏高：

我们的大成中证360互联网+大数据100指数基金主要采用大数据和量化模型进行选股。一方面我们精心挖掘360大数据中有超额收益的选股因子，经过测试，大数据因子确实能够在传统指标之外贡献新的超额收益；另一方面我们也利用了传统量化多因子选股模型，将两者的优势结合起来，实现“一加一大于二”的效果，能够获得更好的超额收益。

01–27　15:19来自雪球

莫莫和茉莉：

您认为目前市场跌成这样，是买入新基金的机会，还是应该果断离场，现金为王？

夏高：

我认为投资者首先需要评估自身的风险承受水平。对于高风险偏好的投资者，今年（2016年）以来市场已经下跌了很多，可以考虑逐步逢低买入，也可以考虑新发基金，这样能够获得较高的安全边际。对于低风险偏好的投资者，在大多数市场环境下都不建议配置过多的权益类资产。

01–27　15:24来自雪球

江边林：

在躲避大跌上做过什么量化分析吗？

夏高：

首先需要承认，择时是很困难的投资决策，无论是用量化还是非量化的方法。对于这个难题，我们团队也进行了深入的研究，有一些成果，我们希望在合适的产品上适当运用，为投资者创造更好的投资体验。

01–27　15:26来自雪球

tomhank–不预不辩：

你们的量化基金主要采取哪些投资策略，业绩如何？

夏高：

我们会根据不同的产品采用适当的投资策略。对于360互联+基金，我们采用大数据加量化模型选股的策略。对于混合型和灵活配置型产品，在量化选股之上还会叠加择时和大类资产配置的策略。对于绝对收益的产品，会采用对冲、事件驱动和低风险套利等策略。

01–27　15:31来自雪球

汪黑豆：

为什么要跟360合作，360大数据有什么特别之处吗？

夏高：

360是中国具有很强的技术能力和市场影响力的互联网企业，拥有很多用户量巨大的产品，例如搜索引擎、浏览器、安全卫士、杀毒软件等，也就拥有海量的数据，这是一座数据金矿。我们经过艰苦细致的工作，从360大数据中挖掘出了有效的指标，能够在传统指标之上提供很好的超额收益。

01–27　15:46来自雪球

leodeng：

360互联+指数作为国内第一只互联网+行业大数据指数，与市场上已经经受住市场考验的同类其他优秀产品相比，您认为该指数基金的生命力哪里？

夏高：

我认为360互联+指数的生命力在于两个方面：一方面，大数据为360互联+带来持续的竞争优势。传统的选股因子会因为用的人越多而超额收益下降，大数据因子由于其独有性，生命力更加持久。另一方面，量化模型相对于主观投资来说，投资逻辑更加清晰稳定，避免情绪干扰，长期来看更容易获得稳定的超额收益。

01–27　15:51来自雪球

girasolina：

360互联+指数为什么最近在跌？大数据的优势又是什么？

夏高：

360互联+是一个指数，它首先会受到股票市场波动的影响，市场在剧烈下跌时，360互联+指数也不可避免地下跌。但是它作为一个策略指数，相对于市场来说长期是有较高超额收益的，可以举的一个例子是上一轮市场大跌企稳之后，从2015年9月16日到12月31日，360互联+指数反弹超过100%，远远超越包括创业板在内的主要市场指数，显示出很高的超额收益。

01–27　15:56来自雪球

永贞金融互联翻译：

你们有没有做期权套利？

夏高：

按照相关规定，目前公募基金产品暂时不能从事期权交易。不过我们对期权也进行了深入的研究，可以应用在专户等产品之中。

01-27　15:57来自雪球

永贞金融互联翻译：

请问机器学习和人工智能在量化投资中有什么样的应用？

夏高：

将机器学习和人工智能与量化投资结合，是正在出现的新趋势。我们也在这方面进行了研究，近期会有相关的产品，不限于投资，还包括智能投顾等产品，敬请关注。

01-27　15:59来自雪球

莫莫和茉莉：

直观理解，感觉360互联+指数基金是一个类“创业板加强”基金，现在创业板连续暴跌，360互联+指数的波动也非常大，现在还适合关注这类基金吗？

夏高：

360互联+的成分股中，创业板、中小板和沪深主板所占的比例大约各为三分之一，并不集中在创业板。360互联+基金是高风险高收益的产品，它的风险跟创业板类似，但是表现好于创业板，有很好的超额收益。您可以根据自己的风险偏好来决定配置比例，只要比例适当，360互联+基金将会是您的资产组合里面收益风险比很好的资产。

01-27　16:05来自雪球

沙漠之花_001：

360互联+的beta值大致是多少？

夏高：

360互联+是高beta的产品，它的beta高于沪深300，与创业板类似。

01-27 16:07来自雪球

沙漠之花_001：

指数后续运行过程中，已有的量化模型会不会修改？

夏高：

我们会努力保证模型的稳定，在模型正常运行时不会进行修改。不排除遇到确有很强的必要时，经过审慎的评估测试，才可能修改模型。

01-27 16:10来自雪球

今天访谈到此结束，谢谢雪球，谢谢各位亲爱的球友，希望下次能有机会再和大家进一步交流。

01-27 16:13来自雪球访谈

回忆起做这一场访谈的心情，夏高坦言“不轻松”。在这样的市场环境下，网友的情绪很难平静。基金经理站到前台去销售，这在过往传统金融环境下很难想象，却很可能成为今后的常态。360互联网+大数据指数基金恰恰很好地帮助了整个团队学习如何做陌生营销，也让基金经理与基民的距离变得更近。

1月29日是认购期截止日，项目组方面也准备了四张倒计时海报，其中一张颇有代表性的刚好契合“猴年”气氛，寓意着对新的投资年度的期盼。

大成基金
DACHENG FUND
一月
2016
JAN
猴
行
运
29日
农历十二月二十日
FRIDAY
宜
MUST-DO
买大成
360互联+
指数基金
今日大事
今天是认购大成360互联+指数基金的最后一天!
• 上一次股灾后，360互联+指数涨了100%*
• 16年多次反弹均领跑大数据指数与市场主要指数
*反弹区间2015/9/16 - 2015/12/31；基金投资需谨慎

1月29日下午3点，随着沪深两市收盘，360互联+大数据指数基金的发行也圆满完成。不过项目组仍然不能松懈，他们需要和相关部门一起完成基金备案材料的准备，以便上报监管机构进行基金备案。

2016年春节前屈指可数的几个交易日延续了暴涨暴跌。2月3日，农历羊年的倒数第三个交易日，早盘沪深两市总体处于低位震荡态势，盘面沉闷。午后盘中两市突然跳水，沪指一度跌破2700点，但创业板迅速拉升翻红，沪指跌幅收窄，再回2700点上方。这一天，柴彬在工作群里带来好消息：360互联网+大数据指数基金已获得监管机构成立备案确认函，落款日期为2月3日，即产品于2月3日成立。

春节真是个喜庆的日子，也给360互联+基金带来了春的气息。可谁曾想，接下来的2016年春节期间国际市场竟飞出了“黑天鹅”！

第二节　直面黑天鹅

“风会熄灭蜡烛，却能使火越烧越旺。对随机性、不确定性和混沌也是一样：你要利用它们，而不是躲避它们。你要成为火，渴望得到风的吹拂。”

——纳西姆·塔勒布《黑天鹅》

专业投资可以比作报纸上的选美比赛，比赛要求从一百张照片中选出最美的六张脸。最终获胜的，是那个选择了所有竞争者平均选择偏好的人。

大盘又见2638点

2016年2月8日，农历正月初一，按照中国的历法，这一天忌开市。在中国股民、基民等投资者们因欢度春节长假暂停一周交易之际，国际上接连飞出“黑天鹅”，这些黑天鹅也一直影响着整个2016年度的全球市场，对于A股市场的影响也会随时浮现，并影响着各个大数据基金的表现，而这时新发基金和正在建仓的基金经理们也将为此备受市场考验和心理煎熬。

第一只“黑天鹅”是德意志银行危机，这一至今悬而未决的危机让人们频频联想起导致2008年金融海啸的雷曼危机。

也是在2月7日，中国农历除夕，欧盟第一大银行——德意志银行发布业绩报告称2015年巨额亏损68亿欧元，法兴银行等欧洲银行的利润也不及预期。

早在2015年，美国金融监管机构就向德银开出5500万美元罚单，认定其将自己持有的衍生品市值高估至少150亿美元。2015年4月，美国和英国金融监管机构又对德银开出25亿美元罚单，指控其操纵伦敦银行间同业拆借利率（Libor）。2015年12月，美国政府起诉德银逃税，要求其补交1.9亿美元的税款、罚金和利息。

2月8日，周一，德银股价暴跌7.99%，报收于15.54美元，周二又继续下挫至15.38美元，跌幅1.03%，一个月下来已经跌去36.3%，而2015年全年德银跌幅约为20%，2月9日的股价与此前最高的159.76美元相比，已经重挫90%多。

即便放到当下来看，德银危机这只“黑天鹅”依然影响着全球市场。2016年9月16日，美国司法局于裁决德意志银行应缴纳140亿美元的罚款，若不执行美国将会强制斩断德意志银行在美国境内的所有业务。截至9月底，德银股价一度大跌9%至9.9欧元，创33年来新低，今年以来已经跌去60%。如果德银难以为继，欧元可能也将遭殃，会否由此引发新一轮金融危机目前尚难言乐观。

第二只“黑天鹅”是美联储加息阴影。

2月10日，美联储主席耶伦在出席美国国会听证会期间表示，未来经济确实有一定概率会出现衰退，任何一年都存在这个可能。她透露，美联储在研究，如果经济形势恶化，负利率是否对经济有帮助。这一货币政策鸽派程度不及市场预期。

实际上，美联储在2015年底就实施了近10年来的首次加息，但对通胀持续偏低的疑虑挥之不去，此后一直维持利率不变。而2016年9月最新的会议依然宣布维持利率不变，但市场对于“美联储加息魔咒”依然心有余悸，毕竟这一魔咒的威力至今仍然令投资者胆战心惊。虽然其加息与屡次金融危机没有直接关联原因，但喜欢捕捉信息和联想的投资者依然将之视为黑天鹅：20世纪70年代，美联储加息后拉美债务危机爆发；1987年，美联储加息后日本房地产泡沫破裂；1994年，美联储加息后日本经济雪上加霜，随后亚洲金融危机爆发；2004年，美联储加息后于2008年爆发金融危机。

于是，春节期间的2月8日到2月12日累计5个交易日，在全球避险情绪主导下，包括美股、欧股、亚洲股市和原油在内的风险资产悉数下跌，资金流向黄金、白银等避险资产。

正如《黑天鹅》一书作者纳西姆·塔勒布所说：“我们的世界是由极

端、未知和非常不可能发生的事物主导的，而我们却一直把时间花在讨论琐碎的事情上，只关注一直和重复发生的事物。”

外部市场这一周的跌跌不休也给中国A股开年埋下不稳定因素。

2月16日，沪指收于2849.68点，大涨3.29%。2月17日，沪指继续拉出一个阳线，报收于2867.34点，上涨1.08%。经历18日和19日的振荡及周末两天的休市后，2月22日，周一，沪指再拉一根阳线，报收于2927.18点，当天涨幅达2.35%，又来到3000点前的关口了。2月23日和24日大盘表现不温不火，24日沪指2928.90点的收盘点位与22日相比只多出1点。

每逢千点大关总会令股民心惊，这一次也不例外。2月25日，星期四，很多股民形象地称为“法定暴跌日”的魔咒这一次又来临，当天沪指暴跌187.65点，最多时跌去199.05点，报收于2741.25点。深成指也暴跌7.34%，而沪指6.41%的跌幅放在整个2016年里也排到了跌幅榜第四位。

导致当天市场暴跌的“元凶”，是市场的传言称“自3月1日起创业板将全面停止审核，后续按注册制实施，主板和中小板暂时未定，择期再做安排”。

貌似又一只“黑天鹅”飞出。

受此消息影响，当天创业板暴跌7.56%。个股方面，接近1400家个股跌停，创业板超过300股跌停，而创业板总共约500只股票，仅10股上涨，又是一个千股跌停的交易日。

2月27日一大早，证监会紧急辟谣：“我会强烈谴责这些不负责任的虚假传言，我会从未单独研究过创业板注册制，根本不存在3月1日创业板全面停止审核的安排，也不存在主板、中小板择期再做安排的问题。”受此消息影响以及隔夜欧美股市大涨提振，当日沪指收出一根带有下影线的小阳线，报收于2767.21点，收涨0.95%，但成交量出现大幅萎缩，仅仅

1900亿元。

随后的周末，上交所一纸针对游资的书面警示，让市场预期强势股可能要遭受打压，市场人气或要遭到抑制。

果不其然，2月29日，周一，沪深和创业板指三大股指小幅低开后，早盘便开启了下杀模式。盘面来看，深市特别是创业板下跌惨烈，指数跌破阶段新低，而前期强势股出现大跌甚至跌停的情况。最终沪指报收于2687.98点，跌幅达到2.86%。

值得关注的是，大盘最低见到2638.96点，几乎重回到1月27日创下的2638.30点这一本轮新低点，也将这一个月来的反弹成果悉数抹去，又重新回到了起点。

2638点，这也是2015年那一轮“疯牛”在6月12日创出5178点的高点后发生的“股灾”以来最低点，经历了8个半月，大盘跌去了一半，似曾相识的最低点位，是否预示着大盘见底？谁也没法给出准确的说法，只能通过技术指标和各种曲线来寻求答案。

不过一个值得关注的现象是，大盘在此处遇到以银行股为代表的权重板块奋力反击。截至收盘，创业板指大跌，超6.5%，创阶段新低。

这个时候，许多认购了360互联网+大数据指数基金的基民纷纷来打听了，这只基金会表现怎样？

建仓还是不建仓？

外围市场跌宕起伏，A股也上上下下上演暴跌，你财富的客服负责人刘怡不淡定了。2月18日，周四，猴年开市的第四个交易日，备受用户电话和各种渠道关注、询问的她在项目组工作群里问夏高：“360互联+啥时候公布新的净值，客户比较关心。”

夏高：“明天打开申购赎回，明天收盘后会公布净值。”

刘怡：“好滴，棒！可以开始申购和赎回了是不是就可以理解为结束封闭期正式可以交易了？以后每个交易日公布净值？”

夏高：“是的。”

2月29日，沪指再度跌至2638这一5178点大牛市调整以来的低点位置。一收盘，担心净值受影响的用户们也开始连珠炮问客服团队了。

刘怡：“360互联网+大数据指数基金连续这些天净值都没有变化，是正常的吗？”

——“大成中证360互联网+大数据100指数基金何时建仓上市？”

——“大成360指数基金的净值怎么还是1？”

——“大成中证360互联网+大数据100指数基金002236何时开始交易？”

——“我买了6000元的360互联+基金，为什么基金里没有显示？”

……

刘怡将不同用户的问题不停抛出。

柴彬：“基金经理正在择机建仓，净值小数点后第四位会变化，但由于四舍五入显示不出来，所以看到是没变化的。”

刘怡：“这样的情况会持续多久？”

柴彬：“较难准确估计，基金经理会根据市场情况择机建仓，建仓之后就有净值变化了。正好躲过下跌，也是好事。”

其实夏高接到的询问又何止这一个？“衡量不作为比衡量作为要难得多。表现突出像成吨的钻石闪闪发光，不作为则总能敷衍搪塞过去。”他的人生字典里，从来就没有出现过“敷衍”“搪塞”这样的词。但在当时的环境下，他更多地选择了沉默。他深知基民的托付不可辜负，他相信自己的判断。

经历了“两会行情”后，3月17日，大盘又回到了2900点上方，重新来到了3000点关口。这一天刘怡又给夏高带来了新问题——这一次，夏高没有再惜字如金。

刘怡：“亲，问一下。今天股市转好，360互联网+大数据指数基金涨幅为零。为什么呢?”

夏高：“大家好！360基金今天的净值是1.004，比昨天上涨0.10%。基金于2月3日成立，期间经历了市场的大幅波动，指数在2月底曾经有16%的向下波动。基金经理会以投资者利益为最高出发点，尽可能把握合适的加仓时机。市场的底部也需要反复琢磨，在探底的过程中加仓，基金净值的波动将逐步扩大，甚至可能低于1元，希望投资者根据自身的风险承受能力谨慎投资。”

刘怡：“客户买了这个基金很久，一直在持平状态也很疑惑。”

夏高：“经历熔断之后，市场情绪较为谨慎。基金经理会以投资者利益为最高出发点，尽可能把握合适的加仓时机。从2月23日到2月29日，360互联+指数下跌了16%，基金净值并没有下跌，避开了此次回调，到今天指数比上一轮反弹的高点还低了7%。客观来说到目前为止的建仓操作还是有利于投资者的。未来如果市场持续反弹，建仓压力也将更大，市场在探底的过程中可能反复震荡，基金加仓之后将逐步跟随市场的波动，净值也有可能出现低于1元的情况。”

刘怡：“大成基金和360这次合作的指数基金深得360粉丝关注。其他基金都没有这个基金吸引大家的眼球。客户经常关注股市进而关注此基金。建仓时机由你们把握，再接再厉。希望360互联网+大数据指数基金不辜负广大粉丝的期待。”

温智敏："建仓或不建仓都是有风险的，择时建仓难度极大，需要一点运气。"

刘怡："专业人做专业事。客户有其他的疑问我再随时询问你们。"

温智敏所说的择时建仓，确实难度极大。夏高明白，稍有不慎将会导致基金净值受损，也就不会有后来的绝佳表现。

初试熨平波动

360互联网+大数据指数基金毕竟是指数基金，在建仓期之后股票仓位不能低于90%。虽然大家对它的长期表现都很有信心，但是短期内将受到市场波动的影响，当净值出现较大回撤时会使得投资者承受较大的心理压力。

基于此，作为基金经理，夏高在基金建仓期采用了大成研发的择时策略，成功地捕捉了适当的建仓时机，减小了净值回撤。未来，夏高打算以经过实盘检验的量化选股策略为基础，结合择时和大类资产配置策略，应用于智能投顾和灵活配置类基金产品中，以便提高产品的稳定性，改善客户的投资体验。

实际上，夏高的择时策略由多个子策略构成，各个子策略采用不同的信息和数据源，从宏观数据、行业数据、新闻数据、行情数据和衍生品数据等多个维度捕捉影响和反映市场走势的因素，分别采用左侧预警或右侧趋势跟踪的思路，共同构成一套择时体系，指导产品进行资产配置和投资运作。

而在基金销售中，夏高发现不少基民和销售渠道对于短期的波动，心理承受力都不足。于是，为了"熨平"股票市场的波动，夏高计划在未来的灵活配置类基金和智能投顾产品中将股票和固定收益资产相结合，引入择时策略，选择合适的配置比例，以期在长周期中实现投资组合的稳健增值。这其实与2016年以来逐渐火热起来的风险平价（Risk Parity）理念不谋而合。

基于这个理念，夏高设计了这样的策略：股票部分采用量化选股策略，并采用择时策略控制回撤，股票交易费用设为单边0.30%；债券部分采用大成景旭纯债债券基金（基金代码000152）。测算出的不同“股票：债券”比例的模拟组合（2013年初到2016年9月8日）的业绩指标如图4-1所示（回测数据不代表真实业绩）。

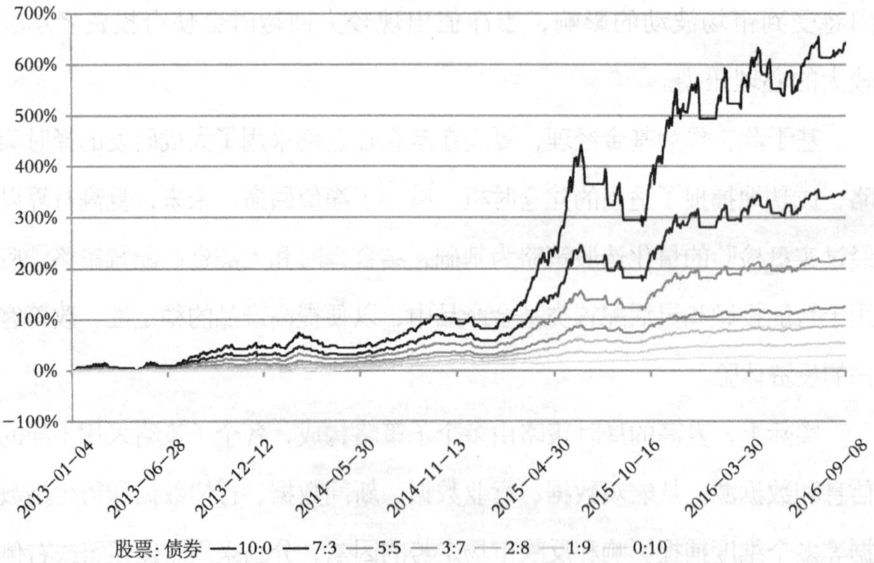

图4-1 2013年初至2016年9月8日不同模拟组合的走势

将股票比债券为“3：7”“2：8”“1：9”和“0：10”的组合单独放大如图4-2所示。

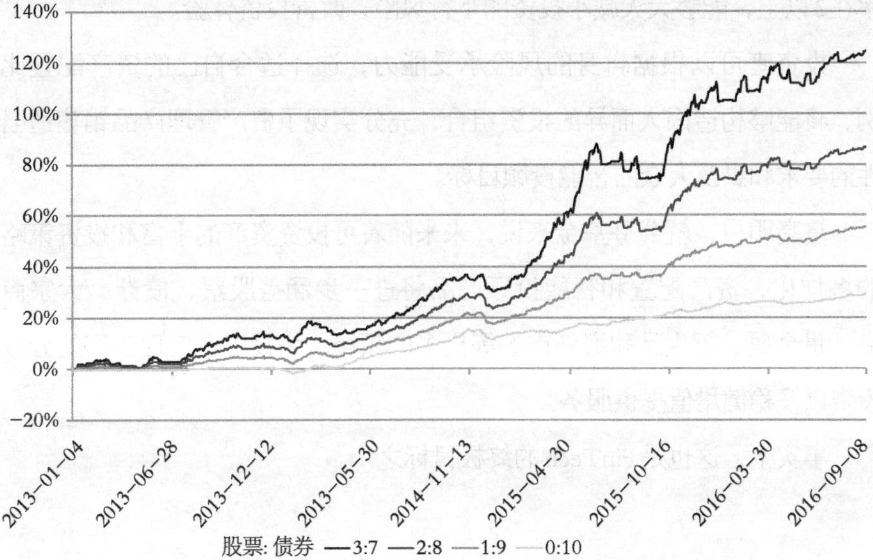

图4-2　低风险模拟组合的走势

各模拟组合的业绩指标如下表4-2所示（回测数据不代表真实业绩）。

表4-2　2013年初至2016年9月8日不同模拟组合的业绩指标

股票：债券	10:0	7:3	5:5	3:7	2:8	1:9	0:10
累计收益率	642.07%	352.19%	220.41%	124.47%	87.09%	55.49%	28.87%
年化收益率	70.96%	49.74%	36.55%	24.15%	18.25%	12.54%	7.02%
年化波动率	27.35%	19.20%	13.78%	8.40%	5.76%	3.27%	1.75%
夏普比率	2.59	2.59	2.65	2.87	3.17	3.83	4.02
最大回撤	29.44%	20.66%	14.40%	7.81%	4.38%	3.78%	3.46%
2016年年初至9月8日收益率	12.93%	10.52%	8.63%	6.53%	5.40%	4.23%	3.01%

可以看到，加入择时策略之后的纯股票组合的回撤减小到30%以内，相比于不少股票型基金在“股灾”期间超过50%的回撤，得到了大幅减小。若采用“2：8”的配置比例，模拟组合的最大回撤将小于5%，夏普比

率在3以上，能够大大减小投资的下行风险，改善投资体验。

投资者可以根据自身的风险承受能力，选择适合自己的资产配置比例，将能够构造因人而异的投资组合，充分实现了资产管理产品销售适当性的要求和惠及大众的智能投顾目标。

夏高明白，就公募基金来说，未来随着可投资资产的丰富和投资策略的多样化，资产配置和智能投顾产品将进一步涵盖股票、债券、大宗商品、贵金属、衍生品和海外市场等更多的领域，为投资者实现资产的分散投资以及稳健增值提供服务。

事实上，这也是FinTech的终极目标之一。

第三节　冠军的心

机会被大多数人错过了，因为它穿着工装，看上去像一件工作。

——爱迪生

最有效率的领导者，例如我，从不说“我”。并非因为他们训练自己不这么说。他们不去想“我”，他们想的是“我们”，他们想的是“团队”。他们理解其职责就是让团队运转。他们承担责任从不回避，而荣誉落在“我们”头上。

拼图中的一块

2016年8月24日，北京某酒店，“你财富上线一周年答谢晚宴暨360股票模拟炒股大赛颁奖典礼”举行，近百家财经媒体、数十家金融机构负责人和代表莅临现场，你财富晒出的一周年成绩单，不乏亮点，具体如下。

2015年8月24日，你财富网站正式上线。仅仅5天，平台交易额就突破了10亿元，创下了业界最快交易额破10亿元纪录。

2016年1月15日，你财富平台销售额突破112亿元。创造了行业中交易额最快破百亿元纪录。

此外，交易额达到了500亿元、用户数达到了600万。

而一个令现场记者和金融机构惊讶的数字，则是360互联网+大数据指数基金的业绩表现，基金2月3日成立至8月23日录得收益21.3%，同期创业指数上涨4.76%，中证500指数上涨15.07%，沪深300指数上涨12.85%。当这个数据在现场大屏幕上打出时，尽管手机App里每天能看到基金净值，现场仍然发出一阵惊叹。

“哎，我当时竟然没有买……”

“我买到了，但买少了……”

“我在1.16元净值时又追投了……”

……

“这产品到底是谁做的?”——这是几乎所有到会的金融机构和媒体当天问的最多的问题，但没有人回答。

台下，卢德夫捧着酒杯悄悄地走到了柴彬和夏高那一桌，三人一饮而尽，击掌相庆。五道口同学们的鼓舞令这三人组如释重负：“豆腐（卢德夫同学对他的昵称），我的100万元变成120多万了，今年这种行情下太不容易了，哪天有空一定请你吃一顿……”

如第二天的《投资者报》报道：“一周年总是一个令人怀念的日子，它为旧时光画上了一个句号，也预示着新的征途即将开始。”

从6月27日360股票与长江证券的战略合作发布会，到7月5日360股票App正式上线新闻发布会，再到7月14日成都大数据应用大会上的大数据俱乐部成立仪式，再到此次你财富成立周年发布会，每逢新闻发布会，360互联网+大数据指数基金的业绩总会被提及，让项目组的团队成员们一直备受鼓舞。

360互联+指数和基金优秀表现的背后，是大成基金一流量化团队的专业能力和辛勤付出。

大成基金数量与指数投资部的前身金融工程部成立于2008年，先后更名为数量投资部、数量与指数投资部，至今已走过了8年的历程。

实际上，该部门汇集了多领域的专业性人才，拥有行业领先的数量化投研能力。团队人数目前超过14人，全部拥有硕士以上学历，一半拥有博士学位，并横跨数学、物理、统计、经济、金融和计算机等多学科背景，职责涵盖了量化选股、对冲策略、套利交易、衍生品及基金投资等量化投资的各个业务链。此外，大成在内部搭建了功能丰富的数据平台，包含了全面的基础数据，并且保持对量化因子的持续研究和检验，为量化策略研究提供了坚实的保障与支持。部门立足于开发多维度的量化产品，全面布局产品线，为投资者提供多元化的投资工具和产品，以应对变幻莫测的市场风格。

隐秘而伟大

2015年底，蓝鲸传媒的年度财经记者大会主题定为“隐秘而伟大”。这家拥有财联社金融信息、浑水自媒体门户、蜂网专家系统以及蓝鲸记者工作平台等诸多业务板块的新兴财经媒体集团，通过一系列产品设定和服务，构建即时、准确、多维度、高端和开放的财经信息生态，为此它不惜耗费巨资，为财经记者这一“隐秘而伟大”的群体开发各种App，让财经记者群体有一个家。

财经记者圈子中，不断走出“隐秘而伟大”的智能投顾创业家。前新浪财经编委蔺会杰推出的“爱股票”聚焦牛人牛股。网易副总编辑兼网易财经总监张伟推出的“彩贝财经”，首家将直播与行情系统融合，第一个直播的嘉宾就是前国家统计局局长邱晓华。张伟在网易任职期间，主导的网易经济学家年会连续成功举办六届。而前和讯网副总编辑江海波也创业推出“王者财经”，聚焦在智能投顾方面。

在大数据基金领域，诸如百度、阿里、腾讯和新浪等诸多巨头，也搭建起了一个隐秘而伟大的大数据财经之路。360的加入，也令这一群体更加丰满。而360互联+指数的诞生，360互联+指数基金的发行，也让大数据基金这一群体壮大声势。

回顾这一一直怀有“冠军之心”的指数及指数基金，夏高、柴彬和卢德夫满怀感慨。在2015年5月这一牛市阶段立项、在2015年6月开始的暴跌阶段中研发、在2016年1月“熔断”后发行，所有不曾预料和遭遇过的“千股跌停”“千股涨停”“千股停牌”“熔断休市”等全部经历一遍，回头想想，这种重压下取得的成绩，尤为可贵。

360互联+指数是在2015年上半年的牛市环境中完成的，所采用的数据主要也是牛市期间的数据。指数在样本外的大幅波动的行情中表现如何呢？同样用数据说话。

从图4-3中看到，A股市场自2015年6月中旬开始经历大幅波动。到2016年9月8日，360互联+指数已经基本回到了2015年6月的历史高点，而创业板指、中证500和沪深300等市场主要指数距离2015年6月的高点还有非常大的距离。

截至当时，全市场中含有2013年以来的历史行情的大数据指数一共有17只，把这些大数据指数和市场主要指数列在一起比较一下业绩表现（数据从2013年初至2016年9月8日）。

从表4-3中看到，2013年初至2016年9月8日，360互联网+大数据指数上涨772.37%；2016年初至9月8日，尽管期间经历了两次“熔断”的大幅下跌，360互联网+大数据指数仍上涨5.06%。在这两项指标上，360互联网+大数据指数都在17只大数据指数中排名第一。

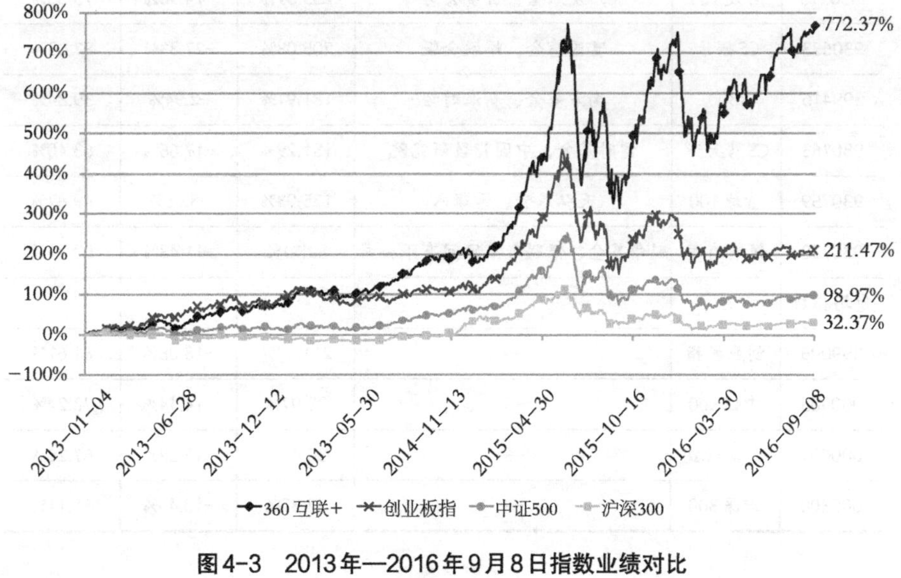

图4-3　2013年—2016年9月8日指数业绩对比

表4-3 大数据指数和市场主要指数业绩对比（截至2016年9月8日）

指数代码	指数简称	指数编制方（不含指数公司）	2013年以来收益	2016年以来收益	距离历史高点还需上涨
930734	360互联+	大成基金、360集团	772.37%	5.06%	0.42%
930705	电商数据	天弘基金、蚂蚁金服	659.32%	4.59%	7.23%
H30537	淘金100	博时基金、蚂蚁金服	561.69%	1.22%	24.50%
930762	雪球精选	大成基金、雪球网	533.69%	−2.76%	8.51%
930729	银智100	博时基金、银联智惠信息服务公司	458.03%	1.64%	7.77%
930779	银商领先	光大保德信基金、银联商务有限公司	433.00%	−6.77%	16.38%
399415	I100	南方基金、新浪财经	415.40%	−0.64%	49.96%
930778	CS高端造	富国基金、中海通科技有限公司	411.82%	3.88%	7.29%
930760	雪球智选	博时基金、雪球网	385.01%	−2.68%	19.08%
930739	银策100	中欧基金、银联智策顾问有限公司	276.61%	−8.30%	19.84%
930624	CS医药	富国基金、蚂蚁金服	272.31%	−3.40%	19.15%
H30373	百发100	广发基金、百度公司	235.57%	−14.98%	73.53%
930623	CS娱乐	富国基金、蚂蚁金服	205.03%	−27.83%	87.03%
399416	I300	南方基金、新浪财经	181.91%	−2.94%	39.84%
930763	CS房天下	博时基金、中国指数研究院	151.29%	−17.66%	63.40%
930759	雪球100	天弘基金、雪球网	135.93%	−8.05%	49.87%
930730	银策消费	鹏华基金、银联智策顾问有限公司	82.71%	−11.43%	53.34%
市场指数					
399006	创业板指	—	211.47%	−18.08%	81.61%
000905	中证500	—	98.97%	−14.44%	78.22%
000001	上证指数	—	36.44%	−12.52%	67.26%
000300	沪深300	—	32.37%	−10.49%	61.11%

更难能可贵的是，360互联网+大数据指数在17只大数据指数中距离2015年6月的历史高点最近，如表4-3中最右侧一列数据所示。360互联网+大数据指数从2013年初的1000点起步，在2015年6月12日盘中创出历史高点8760.28点，当日收盘为8706.94点。2016年9月8日，360互联网+大数据指数的收盘点位为8723.70点，距离历史高点仅需再上涨0.42%。如果以收盘价计算，360互联网+大数据指数已经创出历史新高，成为第一只也是唯一一只创出历史新高的大数据指数。

2016年2月3日，360互联网+大数据指数基金正式成立。到9月8日，基金净值为1.249元，成立以来的收益达到24.9%。这里把基金净值和同期的创业板指数放在一起，用公开数据看一下基金成立以来的运作情况（如图4-4）。

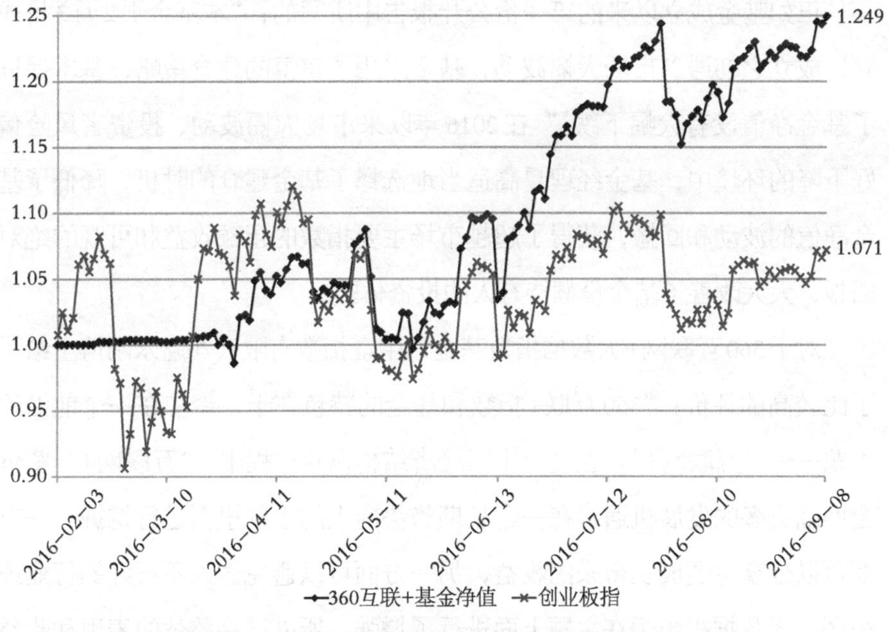

图4-4　360互联+指数基金与创业板指数对比图

基金成立之初到2月下旬，市场有一波小幅上涨，此时360互联+基金并未建仓，可以看到基金净值没有明显波动。2月末，市场快速大幅下跌，基金以零仓位避开了此次下挫，保护了基金资产。

经过了3月上中旬的震荡调整之后，市场开始稳步上涨，可以观察到基金开始建立仓位，净值也开始提高。尽管市场波动使得基金净值曾经在两个交易日小幅低于面值1元，但是次日就重新回到1元之上，说明基金经理对市场时机的把握十分精准，大大降低了净值回撤。

5月中旬之后，市场缓慢攀升，尽管有所波动，360互联+基金的净值不断地提高，到9月8日取得了24.9%的收益，战胜了同期的上证指数、深圳成指、沪深300、中证500和创业板指等市场主要指数，截止当时在2016年新发行的200多只偏股型基金中排名第二，在新发行的量化及指数基金中排名第一。

正如基金成立以来的第一份公开报告中所写的："本基金于2月3日成立，成立之初遇到市场大幅波动，基金采用了审慎的建仓策略，基本保证了基金净值没有大幅下跌。"在2016年以来市场大幅波动、投资者风险偏好下降的环境中，基金经理夏高适当地选择了基金建仓的时机，降低了基金净值的波动和回撤，获得了超越市场主要指数的超额收益和可观的绝对回报，大大改善了基金份额持有人的投资体验。

对于360互联网+大数据指数基金，中证指数有限公司赵永刚博士给予了比较高的评价："360互联+指数和基金的特色在于，聚焦在一个前沿的主题——'互联网+'。在整个中国经济结构调整过程中，'互联网+'整体会面临更多的发展机遇，在一个长期趋势向上的主题里面进行挖掘，一方面可以分享主题成长带来的收益，另一方面可以避免选入不看好的行业或公司。大数据相当于在主题上面进行了增强。所以产品整体的表现和收益稳定度都是不错的。"

我们都有一颗冠军之心

寒来暑往，回看360互联网+大数据指数基金是如何从一个头脑中的想法，历经种种困难，渐渐变成一个在公开市场上与所有基金产品每日比拼净值的“大块头”，柴彬、夏高和卢德夫有着一致的看法：这个团队中，从每一个个体来看，未必是各自行业最顶尖的那一个，但每个人都有一颗冠军之心，秉承着“绝对自由、没有秘密、成就他人、专业精神”这十六字箴言，大家最终创造了奇迹。

作为参与及推动了多家互联网巨头公司与传统金融机构合作开发大数据基金产品的见证人，柴彬经常挂在嘴边的一句话是：创新是个穷市场，因为“没有可以借鉴的东西，也没有人鼓掌”。

2015年5月，柴彬在XTecher上看到曾给Lending Club做过大数据风险模型的普林科技后兴奋不已，便通过一位相熟的香港大学研究员找到普林科技掌门人鄂维南院士。紧接着柴彬推动普林科技与大成基金合作，由大成基金数量与指数投资部总监黎新平博士牵头研发全球产业链大数据产品。之后，大成基金更与普林科技等发起成立了“大数据俱乐部”，这个有“精英俱乐部”气质的产学研结合组织，所属成员皆是龙头机构，包括北京大学元培学院、360金融、同花顺、凤凰金融、雪球等。

在柴彬看来，所谓的智能金融，首先是要了解用户，要刻画出“金融用户的大数据画像”。对于FinTech的未来，他引用了索尼联合创始人盛田昭夫的一句名言：“人们不知道什么可能，我们知道。”

如今夏高已经在基金业颇有名气，在与同行或者媒体探讨时，他说得最多的是：公募基金是真正的普惠金融。“过去10年间，股票型公募基金年化平均收益是23%，这是绝对回报，跑赢大多数地方的房价的。”夏高爱用数据说话。虽然FinTech目前在国外更多应用于对冲基金、私募基金，但这一次将之应用于公募基金的成功经验让夏高坚定了信心。

夏高认为FinTech与公募基金结合后，可以运用技术手段了解用户的风险偏好，提高销售的适当性，将公募基金卖给合适的人，而且还能够降低基金的运营成本，提高运营效率。“一两年吧，我脑子里已经有雏形了，也放了一些我的投资理念在里面。”

夏高坚信科学技术是第一生产力，“科学技术的进步一定会提高生产效率，这些最终会反映到企业的业绩中来。”而上市公司始终是所有企业中的佼佼者，它们的发展速度会高于经济平均增速。“要相信超额收益的复利效应。”

卢德夫如今还在继续着360集团的内部创业，他也是这家互联网公司中最早参与FinTech事业的成员。他常常咀嚼亚马逊创始人贝索斯的一句话：“如果你想的是淘金热之类的机会，你会相当沮丧，因为最后一块金子已经被人淘走。但好消息是，有了创新，就不存在最后一块金子。每个新事物都会带来两个新问题和两个新机会。”从PC时代到移动互联网时代，他就一直在一线与用户持续交流，他爱研究用户需要什么，什么对他们有帮助。做360金融，就是因为看到了用户对于金融的巨大需求。

“但大流量并不等同于大交易。”这句话是国内某著名企业家在卢德夫创业前告诫他的。卢德夫崇尚精细化运营，这归功于他在百度时期受到的产品训练。做百度新闻产品时，有一次改版，产品团队对新版做了10%用户的A–B test测试，结果在百度贴吧的百度新闻吧中，大量被抽取到的用户对这个新版疯狂吐槽，批评声不断。其时，CEO李彦宏看到了贴吧中的反馈，果断与产品团队一起叫停了这次改版——这是卢德夫第一次对大数据的作用有直观认识，这对他的影响一直延续至今。

而来到360以后，在极致产品体验的观念下，360极其崇尚用户体验，对用户反馈极度重视，卢德夫无论运营各个流量端口的资讯产品，还是运营你财富的金融产品，都坚持专业化精细化，"我们的高管团队80%有基金业从业资格或证券从业资格或保险从业资格等各种金融从业资质，相当多的员工还取得了证券从业资格。公司员工每考下一项金融从业资格，公司内部奖励1000元。"在挑选运营和市场团队成员时，他要求必须要有过金融专业背景或互联网金融从业经验。也正是在这些同时在互联网领域和金融领域有着专业运营经验的团队成员努力下，不但帮助360互联网+大数据指数基金取得了强劲的线上销售业绩，也同时开创了"金融电商"的新模式，数次帮助360智能硬件实现"秒光"的销售奇迹。

"快当然好，但快不是全部，"卢德夫一直在琢磨你财富融资谈判中一家著名欧洲银行发来的问题：500亿交易额，这些都是用户的钱，怎么样让这些钱创造价值？他深信互联网金融的本质仍然是金融，而且是要帮助更多的人从金融中获益。如何实现这个目标？他相信大数据金矿值得继续发掘，"这个方向，没有错"。

未来就在眼前

"想法云涌，我要等到这些想法关联相扣，才能感受到它们的碰撞，也就是说，它们稳定地结合在一起。”360互联网+大数据指数基金的成功表明，FinTech的未来，其实就在所有投身其中、奋斗不息的人眼前。

早在2014年7月，中证指数公司就推出了国内首条的大数据指数。对于大数据，亲身经历过大数据产品从无到有、从有到强过程的赵永刚博士有自己的见解。“大数据是技术发展到一定阶段的必然产物，对投资有着非常重要的影响：一是拓展了数据的覆盖面，纳入更全面的信息。以往囿于统计分析技术无法对全样本进行分析，只能采用抽样或者部分数据，损失了大量信息的情况迎刃而解；二是拓展了数据的多样性。以往投资分析中多采用财务数据和交易数据，其他数据和信息应用较少。大数据则纳入了基本面数据（在线销售数据，刷卡数据等）、舆情数据（股票关注度）、投资交易数据（社交媒体的组合管理数据）、资金流向数据（譬如余额宝入市流量）、市场调研数据（一致预期数据等），不仅丰富了投资分析所用的数据，而且让投资决策更加精准。”

但大数据毕竟是一个新生事物，大数据的有效性还在检验当中，很多问题还需要深入探讨和研究。此外，大数据产品还面临一些合规方面的风险：一是信息脱敏；二是操纵。第一类是可能涉嫌利用上市公司非公开信息进行投资盈利。这类底层数据会定向披露上市公司的营业额、销售量、客户数等信息。因此，目前数据商会对此数据进行脱敏处理，将相关指标提炼到细分行业层面，从而达到将个股信息模糊化的目的。此外，个人投资者的自选股等数据也要进行模糊化处理。第二类是大数据的供应高度依赖数据商，数据的加工处理复杂，以及基金公司对选股过程有决定性作用。

但无论如何，大数据金融是计算机技术和智能技术在投资领域的尝试，大数据是FinTech的技术基础，只有充分挖掘、整合各类大数据，经济的、市场的、情绪的、财务的、交易的、投资者偏好等，最终才能给出智能的投资决策。

正如苹果公司创始人斯蒂夫·乔布斯（Steve Jobs）所言："虽然你现在可能看不见未来，不知道你现在所拥有的、懂的、了解的能带领你到何种境界，但在未来的某个时刻，当你蓦然回首时，你才能将所走过的路串起来，进而发现你之为你，就是这些点点滴滴造就出来的。因此，要相信这些即将来临的事物在更远的未来肯定会连在一起。要有一定的直觉，你的勇气、你的运气、你的生命、你的缘分。这份信念从没让我失望过，而这也就是让我与众不同的地方。"

第五章 长跑

KUI BU

第一节　中国的FinTech之路

只见它曲折灌溉的悲喜，
都消失在一片亘古的荒漠，
这才知道我的全部努力，
不过完成了普通的生活。

——穆旦

爱迪生曾经说："当我们理应使用自然界的可再生能源——太阳、风和潮汐——却没有时，我们就像农夫为了取暖砍掉房子周围的篱笆。我把钱投到太阳能上。多好的能量源泉啊！我希望我不用等到石油和煤炭耗尽的那一天才可以用上太阳能。"风物长宜放眼量，全世界的智者都明白这一点。

活在二十年以后的人

“你看科幻片吗？听摇滚乐吗？欢迎加入同花顺。”

有人告诉柴彬，面试同花顺后，这是最后两个问题。柴彬深信不疑。

柴彬对同花顺充满敬意。第一次走进同花顺的大楼，那时他们尚未乔迁，外表和装修都像他们一样低调，20世纪90年代的风格让你刹那回到童年。墙壁上到处挂的科幻片的电影海报，Artificial intelligence这两个英文单词到处都是，形成了巨大的反差。

如果还有比同花顺这家公司更低调的，应该就是它的高管们。在饭桌上，一位高管给柴彬讲了一个故事。有一次，他去做一个小手术，医生在给他施麻醉之前，让他从一数到十，等他刚数完，医生却说：“好了，手术做完了。”一瞬间简直不知今夕何夕。原来，在他数到六的时候，他已经被麻醉了，一个多小时手术结束之后，他醒过来，继续数到十。他说，如果这一觉醒来，自己变成了一台电脑，似乎并不会太奇怪。他深信人本身只不过是一套更复杂的算法而已。

柴彬知道那一刻他想到的是2014年强尼德普主演的《超验骇客》。同花顺的高管几乎都可以就科幻片发表出非常专业的见解，让人大开眼界。

同花顺从2009年开始，顶住压力组建了一个几十人的团队，开始研究人工智能，2015年开始才逐步进入人们的视野。这家创业时只是想聚齐几十个人打一副牌的公司，它的创始人们给柴彬留下最为深刻的印象，柴彬因此称呼他们为“生活在二十年以后的人”。

同花顺的i问财，已经不输上文提到的美国对手Kensho。中国的Fin-Tech之路，是从隐蔽战线开始的，当序幕拉开，许许多多带着摇滚与科幻气质的创业者，才一一浮现在人们的面前。

学霸雄心

2015年5月，通过XTecher的路演平台的第一次活动，柴彬认识了一位普林斯顿的应用数学博士、大神王储，通过他，柴彬知道了有一家叫普林科技的大数据技术公司。名称叫普林，是因为创建班底多数留学于普林斯顿大学，而他们的老师，也是普林科技的首席科学家，是北京大学和普林斯顿大学教授鄂维南院士。

鄂老师是北京大数据研究院院长。初看起来，他是严肃的学术派，但他身上有一种“仙风道骨”，非常有情怀，也很真诚，常常能感染柴彬。他和他的团队致力于让大数据在中国务实落地。其中，北京大数据研究院做顶层设计和创新技术开发，推动产学研，普林科技和其他孵化企业完成实际落地。

当柴彬问到他对大数据特别是大数据金融在中国或全球发展有何看法时，他说，金融大数据在中国仍处在起步阶段，还有一段路要走。在行业内部来看，虽然兴趣很浓厚，但整个路径并不清晰。从国际上讲，美国相对走在前面。美国在征信方面比较完备，大数据在银行业的应用也比较成熟，证券、保险行业也有很多相应的成功的企业。

有人说，美国的金融中心正在从华尔街迁往硅谷。这句话说的是金融的重心正从Fin往Tech转移。对于这个问题，鄂老师认为：“对金融来说，信息是绝对重要的。随着技术的发展，金融将来不可避免地会变成一个技术驱动的行业。跟下围棋一样，一个人的直观、经验和感觉会起很大作用，但随着技术的发展，柴彬有了进一步的数据获取和分析的可能，尤其是强化学习和深度学习的工具。这点上金融和围棋没有本质的区别。当然细节上有区别。围棋是双方对称的博弈，但在金融领域，你是在跟市场博奕。博奕的双方不完全是对称的。20年前华尔街最红的是年轻的操盘手，因为他们最敢想敢干，有想法，有魄力。现在机器学习、算法交易在取代他们。”

创业一年多来，普林科技的大数据技术优势，让他们深入到了各个行业。“成为一个把科研成果和大数据分析技术落地的成功范例”，是这个学霸天团的心愿。2015年下半年，大成基金也与普林科技合作了一只基于全球公开数据的全球产业链指数。

火柴闪耀夜空

在深圳宝安区广兴源互联网创意园的办公室等待的时候，火柴财富的创始人正在忙碌地接听电话。办公室装修低调简洁，年轻而专注的产品经理在大黑板前激烈地讨论，这场面感染着柴彬。

他的桌前放着一份材料——《中国理财之我见》，是他们自己写的。

他叫张彦文，上海财经大学硕士MBA，9年银行财富管理从业经历，曾先后任职招商银行总行财富管理部财富顾问团队负责人与支行行长，从总行到支行，对财富管理行业摸了个遍。他的团队也很豪华：CTO钟宇，14年IT及互联网管理经验，曾先后任职永乐电器、曼秀雷敦中国区技术总监、唯品会IT技术创始总监（MD）；CFO周密，18年从业经验，先后任职安达信、普华永道会计师事务所MD、华润、唯品会；CRO梁继健，硕士毕业于欧洲顶尖商学院ESCP Europe，主攻金融学方向，曾参与投行高盛关于VAR资产风险估值系统的共同开发项目。

这是一个执着、爱思考、爱折腾的阳光男孩。张彦文说：“9年财富管理从业经验，我发现个人财富管理市场还很混乱，银行理财覆盖面专业度欠缺，专业的金融投顾大部分只能顾及1000万元以上的私人银行客户。因此，我们想，有没有一个平台可以让中国的大众投资者的理财需求得到真正满足？就是这个想法，让柴彬们四个风格各异的人聚集到一起，开始柴彬们的非首次创业经历。”

在他看来，智能投顾是利用人工智能、大数据技术更精确地了解用户的需求，通过对市场上各种类的产品进行全面筛选，为客户提供相适合的资产配置方案，并一直伴随客户，跟踪资产组合情况，让客户更简单理财，更多时间享受幸福生活。财富是工具，生活幸福是目的。

几个搭档都经历过创业，也尝试了创业失败的痛苦，张彦文说：从一开始就清楚知道，想对金融财富管理行业的变革一定不是一件容易的事情。我们还是非常坚定地选择走一条最难走的路，让天下没有难理的财，马云的精神鼓励了我们。”

“智能投顾好不好，基本看模型好不好”，基本是行业内的共识。而这个资产配置模型是否容易做呢？事实肯定是不容易的。有很多人都认为智能投顾模型就是量化模型，那就是太小看真正智能投顾的模型了。

他和CRO一起，亲自参与了模型设计。在他看来，智能投顾的模型首先需要了解客户的需求，知道客户处于什么样的人生阶段，当前及未来的个人、家庭资产情况是怎样的，结合客户的风险承受能力对用户进行精准的用户画像，了解清楚客户真正的理财目标与理财需求。其次，在深度了解客户的理财目标与理财需求后，要对当前市场情况进行详细分析，制定客户大类资产配比，为客户留足足够的现金流动性、足额的人身保险保障后，为客户制定大类资产配置方案。再次，根据大类资产配置方案中各类资产的配比，通过模型对市场上各类产品，其中包含固定收益类产品、浮动收益类产品、保险产品、股权性产品等理财产品进行全品类筛选，最终为客户选出最为适合的高收益组合产品并实现一键购买。最后，还要根据客户的生命周期变化及资本市场的变化，跟进调整客户的产品组合，实现产品组合再平衡，从而成为客户的私人理财伴侣，让客户的理财变得更简单。

此前有一天晚上，张彦文和柴彬沿着珠江边漫步，畅谈国内财富管理市场的种种弊病。他说，你知道我们为什么叫“火柴财富”吗？

只觉得是个具象又接地气的名字。

他眼睛里闪着光，认真地回答说：“划亮一根火柴，照亮一片夜空，燃烧一个梦想。”

银行老男孩和他的伙伴们的创业之旅，FinTech中国之路的同行者。今天，他们的用户已经超过10万，交易量过亿元。

软科技照亮未来

柴彬在唐硕新办公楼的顶层采访了夏方昱。一表人才，身上有一股温和、睿智之气。他参与创办的唐硕，目前是国内用户体验领域的翘楚，而他本人则是金融用户体验的专家。

2006年，夏方昱硕士毕业于浙江大学工程心理学系，研究人和机器交互过程中，机器如何设计才能符合人的心理特征，不仅要保证不出错、效率高，还追求使用者心情愉悦，让其产生黏性。那时还没有用户体验这个词，人们说得最多的是可用性。为了推动可用性的发展，他参加了UPA（可用性专家协会组织），创办杭州分会，后又加入理事会，一干就是近10年。UPA每年举办一届国际大会，没有钱办会时，就志愿者东凑西凑，忙得不亦乐乎。在这个过程中结识了连续主导十几年UPA工作的主席黄峰。

黄峰当时为一家叫HFI的美国公司创办中国分公司，HFI（Human Factors International）成立于1981年，可谓是最早的用户体验公司之一，夏方昱作为第一批可用性专家加入了HFI，它20多年的用户体验案例资料库，深深震撼了夏方昱，“大学学了很多理论，从没想过怎么跟商业应用结合起来，那一刻惊呆了，如饥似渴地开始了研究。”

随着iPhone崛起，用户体验这个词开始照亮产品设计的“亘古长夜”，UPA协会持续的播种、耕耘，让这群用户体验先锋们迎来了新的时代。夏方昱作为联合创始人与黄峰决定创办中国本土最好的用户体验公司，这个初创团队趁势而起，甚至一举打败了IBM，拿到了工商银行的金融用户体验的项目。

从2007年到现在，他的团队做了工商银行、招商银行、支付宝、大成基金等数不清的金融项目。“金融的体验，好比电商的最后一公里，电商最后一公里是最难的，而没有线下递交、销售虚拟产品的金融业，其体验的重要程度远超于其他行业，这激发了柴彬的浓厚兴趣。”

有次坐飞机，遇到强气流，颠簸得非常厉害。夏方昱心想，自己的资产很分散，可能连自己都记不清楚，更遑论家人朋友，万一发生坠机了怎么办？他决定做一款记录个人资产的App，同时也提供资产配置的建议。这只是再度创业、微创业的一个小插曲，他开始从用户体验的“软科技”试图切入金融的“硬科技”。

小插曲开启了大时代。2015年智能投顾风起于青萍之末，从硅谷传来中国。对国内金融市场长达近10年的研究，让他真切地感受到：“软科技+硬科技，将会照亮智能金融的未来。夏方昱决定将为中国理财市场提供自己的解决方案。”他和他的小伙伴们，再度创办分泰科技，在这股FinTech大潮中，他们走进了一片新蓝海。这片海还在朝阳将升未升之际，海天一线，甚而有些朦胧，正如10年前，他和小伙伴们在国内推行用户体验的场景重现。

“嗨……蛮苦逼的”，这是在问到兴趣爱好时，他的第一反应。

喜欢海，万类霜天，广袤自由，也特别交代：不喜欢山，浮云遮望眼。相信世界是流动的，也特别强调：流动，而不是运动，因为流动有方向，运动随机而发。较真的创业者，工程心理学的传承者，也许只有这种条分缕析、探寻真相的性子，才能去开创一个新的还未被人广泛关注的领域——智能金融的软科技。

在言必称模型、言必称学霸、言必称华尔街的FinTech浪潮中，他是一个独特的蓝海冲浪者。

革自己的命

2015年年初，卢德夫在清华大学五道口金融学院听完杨辉生老师关于创业的课程并被他鼓励后，正式决定“出来”创业。4月，他作为联合创始人参与360集团的内部创业项目——你财富，几乎与此同时，柴彬入职大成基金，按照公司的规划，从零开始筹建互联网金融部。分管领导温智敏是哈佛大学法学博士，资深的海外投行Banker，他对行业趋势做出了自己的判断，提出了“互联网+大数据+人工智能”的发展路径。

5月下旬的一天，柴彬去北京1+1大厦拜访普林科技公司，由一群学霸组成的大数据技术公司。在楼下的咖啡厅，第一次见到了刚从华尔街回国的黎新平，他日后担任大成基金数量与指数投资部总监，并成为大成智能投顾项目的总设计师。

黎新平本硕毕业于北京大学，随后前往斯坦福大学攻读经济学博士，在量化投资、衍生品定价、公司金融及宏观经济方面有丰富的研究经验。毕业后，曾在国际货币基金组织（IMF）进行新兴国家贷款计划的定价研究，并在美国大型对冲基金Aristeia Capital任资深策略分析师和投资经理，历时7年。微信昵称黎子的他，是资深的马拉松跑者。

两人落座后，简单的寒暄，开始交流对国内公募基金的看法，他们很快就形成了一个共识，那就是公募基金中量化投资与工具类产品应该发挥更重要的作用。“我相信未来的公募基金，应该是被动产品的主动管理。”黎子这句话，让人印象非常深刻。那时，大成基金已经快速布局多只大数据基金产品，通过大数据改造投资端，推出指数产品或主动型产品，已经积累了一定的经验。但是两人都认为，大数据对投资顾问端的改造，市场前景或许更为广阔。

时间一晃到了8月。360互联网+大数据指数、雪球社交投资精选大数据精选指数均已经顺利发布，大成互联网金融部也初创完成。在公司领导的支持下，大成量化与互联网金融正式组成跨部门联合项目组，开始研究智能投顾。完全基于一种趋势判断，没有任何证据来支持这种判断，项目组的心里并没有十分的把握。直到后来，国务院发布大数据战略，9月3日，花旗集团发布《机器崛起零售革命》的研报，智能投顾正式进入了国内金融机构的视野。

在公司领导的大力支持下，项目组正式启动了。通过研究国内外金融机构的产品，针对国内金融机构普遍不重视用户体验的弊病，项目组首先确定了“软科技+硬科技”的思路。软科技主要是指用户体验，前端产品的市场定位与交互设计，一切从挖掘用户需求出发，以陪伴用户成长为价值归依，硬科技则主要是智能投顾的算法与机器学习部分。9月，这个项目组加上国内用户体验设计的翘楚唐硕，借一次差旅拜访同花顺的机会，在西湖边一个茶馆里召开了第一次智能投顾讨论会。

随后的一年，在产品面市前的这段时间内，由于国内市场并不明确，智能投顾概念泛滥，项目组遭遇了比较大的压力，也遇到不少业内人士的怀疑。在互联网金融创新圈内，流传着这样一句话：Innovation is a poor market，创新是一个艰难而漫长的过程，需要阳光雨露，需要时间，还不一定能够成功。这一点，大家都有心理准备。

国内对智能投顾的态度泾渭分明。一方认为美国的智能投顾基于ETF，且具有节税和费率优惠的优势，而国内并没有类似的条件；另一方则认为智能投顾是一种思想，更多的是通过机器人理财的方式，弥补专业理财经理人手不足的现状，为客户特别是线上客户提供一种工具式顾问服务，改变国内理财市场只销售不服务的弊病。

“股灾”以来，基金销售市场持续低迷，行业面临严峻的考验。市场波澜壮阔、残酷无情，让项目组不由觉得，当日茶馆外那个水波不兴杨柳依依的西湖，它的平静也可能只是一种假象。马可奥勒留皇帝在他的《沉思录》里说出了一个非常朴素的道理，这个道理乔布斯也多次讲过：“亚历山大大帝和他的马夫，最后都去了同一个地方。不要像你能活一千年那样活着。”是的，理财市场表面看起来只是一种交易关系，它的背后，维系的却是万千投资人对财富自由的追求，并借此追求人生的自由。这让每一个从业者都意识到肩头的责任，“改变中国人的投资体验”“在金融的历史上留下点什么，留下一章、一页，哪怕只是一段、一句。”温智敏的这句话，一直激励着项目组。

——基于Wealthfront的模板，加入本土化的应用场景。对用户端的分析方面，系统利用数据挖掘、机器学习等互联网先进的技术，通过多个来源的大量数据，对用户分析和学习，形成用户画像模型。

——系统对基金建立了一套高标准的基金评估模型，构造一个完整的基金资产池模型。

——在用户画像模型和资产池的基础上，利用机器学习和现在投资组合理论等方法，给用户推荐出一套符合用户风险和收益要求的最优的资产配置组合，达到用户资产增值保值的目的。

——智能投顾系统采用互联网风格的技术架构，系统采用分布式部署，在负载均衡、灾备处理、实时监控等各个方面都有完善的处理模式。

在系统运行中，能实现高并发高性能的请求和数据处理能力。

大成智能投顾的基本框架就在这个茶馆热烈的讨论中确定下来了，此后有许多个深夜，项目组都心无旁骛地研究每一个细节。智能投顾在中国的发展，面前的机会与它面对的质疑一样多，每个人都在怀疑它的意义和有效性。项目组也在思考：为什么做这个产品？为什么中国的智能投顾产品一定要按美国的模式？美国人不是信奉实用主义哲学吗？为什么中国市场不能把智能投顾的思想本土化，从而解决中国财富管理市场自身的问题呢？

柴彬想起某天去拜访雪球的创始人方三文，在谈到智能投顾时，他说，这类产品的目的就是要“提高效率、减少焦虑”。诚哉斯言。2016年4月，大成智能投顾项目组在公司高管温智敏、高贵鑫的带领下，给国内领先的零售银行招商银行零售银行部管理团队进行了长达三个小时的分享，最后，招行反馈说：招行大量的金卡、金葵花客群面临服务不足的现状，这正需要通过智能投顾来破题。

2015年，苏格兰银行将25万英镑以下的客户逐步往智能投顾迁移。当年年底，推出智能投顾仅半年的先锋基金，新增了110亿美元的客户资产。

茶馆热烈的讨论临近尾声，遥望窗外，西湖的景色迤逦依然，水波中投下的光影，看不到中国理财市场未来的万千变化。几个小时的讨论后，大家都觉得有些累，在华尔街做了7年对冲基金经理的黎子，打破了沉默，说了一句走心的话，他说：

我是在革自己的命。

第二节　世界拥抱FinTech

未来已经发生，只是分布尚不均匀。

——威廉·吉布森

自19世纪奥地利学派发动“边际革命”以来，经济学从外貌上越来越像自然科学。

眼前取得的成功，已是黄花。投资对每一个自然人来说，是一场铁人三项比赛，而金融科技（FinTech）的发展则是一场没有尽头的马拉松。金钱世界其实没有捷径，不积跬步，无以至千里。

身体知道答案

卢德夫已经坚持游泳十几年；夏高说，他喜欢一口气爬上梧桐山顶；柴彬在两年前陆续爱上了长跑、健身、咏春，是金融圈酷跑男。

柴彬说，没有比长跑更让人寂寞的运动了，就像木心的《从前慢》，长跑注定为反现实主义者所钟爱。跑者追求LSD（Long Slow Distance），每个人都在说：跑得慢，才跑得远。这种哲学观，正在改变热衷短期收益的中国投资者——即便在现在，靠着非常短期的收益来引导投资人，依然是非常主流和普遍的做法，也是错误的做法。

这是市场使然，也是人性使然。就像人不可能自己把自己拧起来一样，人无法摆脱人性的桎梏，它就像是一种命运的诅咒。牛熊的更迭，账户的盈亏，就像一部善恶不断纠缠的连续剧，很难说最终是谁取得了胜利。几乎每一个投资人都会看《股票大作手回忆录》，每个人也都知道利弗莫尔悲剧式的告别。

在中国从事投资管理的人群，是精英中的精英。他们的履历总能让普通人感到深深的自卑。对比他们，很多人觉得自己好像没有接受过高等教育。许多基金经理是高考状元、名校收割机，或者“华尔街归来”，他们已经习惯了用学霸的头脑去思考问题，一颗年轻气盛的心，梦想着在投资的角斗场一争高下。然而，即便曾经经历过各种几乎致命的金融危机，长久以来，包括这群人在内的社会大众都无法去指责这群最聪明的人，因为他们常常会因为产生这样的想法而胆怯。

但近年来，这个现象正在发生改变，越来越多的基金经理开始热衷于长跑、健身，甚至是铁人三项——他们开始用身体来寻找答案——关于人生的答案，也关于投资。

全世界的人都看到，巴菲特展示了极简主义与坚韧的耐力，并以他的“内部记分卡”闻名于世，他的搭档查理芒格则展示了他博览群书的“格栅理论”。投资的五西格玛事件在厄尔雷姆教派的弟子中间不断重现，颠覆着芝加哥学派关于有效市场的断言，一时让学院派无所适从。在上帝扔出的骰子中，很明显总有一些人，少数人，不愿意服从概率论的分布。

然而，越来越多的现象证明，在投资领域，聪明的个人并不完全可靠，沉默的大多数往往蕴含着更为巨大的力量，这是一场认知的变革。从前，这种力量没有办法被唤醒，但随着机器的崛起，大数据与人工智能正在崭露头角，大数据的炼金术正在FinTech的旗帜下星火燎原。

未知的领域

“2015年11月6日，Daniel Nadler一早醒来给自己倒杯橙汁，打开电脑，等待劳工统计局（Bureau of Labor Statistics）8点半放出月度就业报告。他坐在自己位于切尔西的一居室公寓的厨房桌子旁，紧张地刷新着浏览器——不断地Command-r——用他公司的软件Kensho从劳工局网站收集着数据。两分钟之内，一份Kensho自动分析报告便出现在他的电脑屏幕上：一份简明的概览，随后是13份基于以往类似就业报告对投资情况的预测。

如果不想，Nadler根本无须再次检查所有的分析。这些分析基于数十个数据库的成千上万条数据。他只需确定Kensho提取了就业报告中的正确数字——美国整体就业增长即可，这是他唯一能做到的。因为几分钟后，8点35分，Kensho的分析就要提供给高盛（Goldman Sachs）的雇员们。”❶

这段场景是美国FinTech公司Kensho寻常一天的素描。Kensho是一个

❶《人工智能公司kensho是如何改变华尔街的?》，转自网易新闻网，2016年3月8日。

禅宗的概念，日语中用来表示佛教禅宗发展中的第一个意识状态。许多人预测，随着Kensho和类似的自动化软件的发展，未来10年，将会有1/3到半数的金融从业者失业，机器将会部分替代人。这个假设并不科幻。如果人们还记得，10年前亚马逊的书评员队伍还非常活跃，而今天，他们全部失业了。大数据推荐书单替代了书评员的工作，它更有效、更快速，还不领工资，当然也不会罢工。

半强势有效市场假说认为，资产价格反映了所有已公开信息。因此，要想获得超额收益，就必须获得公众难以获取的信息。以前，这类信息几乎就等同于内幕信息，但是最近，有越来越多的证据显示这样的信息在合法且公开的渠道传播，仍有蛛丝马迹暴露在阳光之中。使用海量的非结构化数据创造出另类信息优势，这是聪明的大脑所无法做到的，但正是机器的擅长之处。

这样的例子并不鲜见。一些对冲基金分析师已经知道聘请顾问来计数零售商停车场的汽车数量，以预测销售旺季的收入；瑞银（UBS）分析师购买了沃尔玛停车场的卫星图像，在季度盈利发布之前提前估计其业务活动。

在2015年“股灾”期间，滴滴打车曾经做过一个非常有意思的大数据分析。他们根据富凯大厦（证监会办公所在地）当日深夜打车量的显著变化来推断其加班情况，从而判断第二天是否有重要的消息发布，结果显示，非常准确。同样，通过这种方式也可以判断上市公司的业务景气程度。

金融行为学的理论也有机会得到进一步的论证。社交媒体中就蕴含了大量有用信息。总部设在波士顿的对冲基金公司Tashtego将依靠数据算法，利用社交网络去分析客户情绪和投资者行为，从而在美股市场进行交易。Tashtego公司首席投资官Arthur Mateos表示，该公司旗下另一个依赖社交平台选股的基金Social Equities Fund，募集资金已经快达到10亿美元。

早在2010年，英国对冲基金Derwent Capital Markets建立了一个规模近4000万美元的对冲基金，利用Twitter帮助公司投资。曼彻斯特大学和印第安纳大学在2010年10月共同发表的一篇论文中还提到，推特用户的推文中一些表达情绪的感情词可以用来预测道琼斯工业平均指数的每日动向。研究显示，Twitter用户的情绪变化会在指数波动后的2—6天内反映出来，这类信息在指数预测准确率方面达到87.6%。

机器与财经圈

2008年，还在百度财经工作的卢德夫与某数据机构合作尝试了机器人写稿：通过设定开盘、收盘、收涨（收跌）、涨幅（跌幅）、成交额、领涨板块、领跌板块、资金流入前五、资金流出前五等财经新闻要素，让机器根据当天大盘和股市的板块表现自动报盘。

近年来，在一些金融机构终端，这类机器稿件通过简单的数据设定自动发布快讯。

2015年9月10日，腾讯财经发布了机器人撰写的稿件。通过对比，一般读者根本无法判断哪篇文章出自机器之手，而哪篇文章又是经验丰富的股票报盘记者所采写。

机器的优势是非常明显的，比如几秒钟就完成工作、没有节假日、不要求涨工资、短时间之内也不会发生办公室恋情……

这让财经记者们紧张了好一阵子。

当然，在一些拟人化和主观判断以及观点整合方面，人有着机器无法比拟的经验和优势，但如果适应程序，人可以给机器定义更多字段，甚至精读和观点等。

机器与财经圈的话题日益丰富。在金融业舆情大数据方面，唐旭是第一家开创SAAS服务模式并首家推出舆情移动客户端的公司创始人，他的团队开发的“十万+”App成为金融业从业人员从社交平台获取大数据的新工具。

该项目研发起因是为诸多金融企业提供大数据舆情服务，以布局于全国的分布式爬虫服务器集群，实现对人工定义的20万重点站点中的新闻、论坛、博客、微博、微信等信息以及全国主要平面媒体电子版的快速全面的抓取，重点网站15分钟发现舆情。

后来，唐旭把该平台推向更多大数据应用场景，包括一般企业、财经媒体、国家机构、自媒体以及明星，对平面媒体、网络新闻、论坛、博客、微博、微信等进行全网舆情监控，成为专业的大数据信息发布平台。

唐旭说，与今日头条类似，“十万+”App可以根据每个用户的兴趣、位置等多个维度为用户推荐有价值的、个性化的信息。同时“十万+首创”“收益宝”功能，开创了金融企业品牌与用户共赢的时代，如今央视财经频道（央视2套）财经周刊栏目解读一周热点财经新闻，节目以“十万+”数据的监测结果揭秘一周财经表情，为观众呈现公众的情绪变化。

机器崛起

2015年9月3日，花旗集团发布了一篇名为《机器崛起零售革命》的研报。这篇报告描绘了一个远景，未来10年，智能投顾（Robo-advisor）的市场规模将达到5万亿美元。报告给大成基金跨部门的智能投顾团队极大的鼓励，也影响了当时国内大批的一线创业者。人们再一次把目光瞄准了金融创新的圣地——美国，但这一次有所不同，人们的聚焦点不再是华尔街，更多的是硅谷。

2012年以来，智能投顾业务在以北美为代表的发达国家市场迅速发展，并逐渐被越来越多的投资人所接受。主流财富管理领域正在逐步认可智能投顾发展趋势，但这并不是一个机器吃人的故事，更多是人机协作的过程。

全球最大的资产管理公司贝莱德收购估值1.5亿—2亿美元的机器人投顾初创公司Future Advisor，2015年3月，美国最大券商之一嘉信理财也已向自己数量众多的客户推荐机器人顾问，Vanguard也已于2015年5月开放自己的智能投顾服务，此外Morgan Stanley等公司都已宣布准备进入智能投顾领域。让我们分别来看看几个有代表性的智能投顾公司的情况。

第三节　大数据俱乐部

我们信仰上帝，除此之外都必须要数据来证明。

——爱德华·戴明

最初柴彬接触到普林科技，是通过一家叫XTecher的平台。一位叫王储的数学大神、普林斯顿大学学霸参加了这个科技平台组织的第一次路演。不善言辞的他引起了柴彬的注意，特别是他提到的这句话，美国人把一句类似的话印在钞票上，承载起无数人的美国梦。In data we trust，说出了卢德夫、夏高、季峰等所有大数据掘金者，也是FinTecher们的心声。

2015年下半年，随着大成基金大数据产品布局的逐步落实，团队意识到一个问题，这些拥有大数据源的伙伴，单独来看都非常优秀，数据质量也很高，在各自领域也是龙头。但是如果通过某种方式，能打通这种数据孤岛现象，让大数据汇聚成海，真正称其为大，有没有可能呢？

为了深入了解大数据，柴彬一口气看完了四本书：维克托·迈尔—舍恩伯格的《大数据时代》、涂子沛的《大数据》《数据之巅》、阿莱克斯·彭特兰的《智慧社会：大数据与社会物理学》，这四本书给柴彬带来了非常大的震撼。涂子沛的书中对比了美国建国后对于数据的收集与保存，特别提到，美国国会至今保存着18世纪国会辩论的详细文件、保存着每一次联邦农业普查、人口普查的数据，而奥巴马上任后签署的第一个总统备忘录，就是要求开放数据，他继而任命了联邦第一任首席信息官，并着手组建首个大数据开放门户网站DATA.GOV。

这个网站推出之后，在开放数据方面遇到了不少数据持有机构的阻力。为了解决这个问题，美国的一些社会组织拿出一笔经费，在全美举办了围绕大数据应用的App大赛，这个大赛取得了空前的成功。最关键的是，以前被人们认为没什么用的数据，原来可以有这么多应用！原来还可以如此大程度地改善人们的生活！大数据，来于人群，最终又服务人群。

这是一个绝妙的灵感，为什么不在中国做一场大数据应用大赛来推动大数据在各行业的发展，从而又让这些数据孤岛有一个平台来围绕应用进行融合？于是，柴彬很快就和大成基金的大数据伙伴们达成了共识，卢德夫意识到这是一个非常有意义、有前景的活动，他立马予以响应并全程参与，360、同花顺、普林科技、凤凰卫视旗下的塔美数据、顺丰速运、雪球、象辑科技等一批机构凝聚到了一次，这就是日后大数据俱乐部的雏形。首届北京大学大数据应用大赛得到了鄂维南院士的大力支持，由他担任院长的北京大学元培学院承办了这场大赛。三十多个团队参赛，带来了让人眼界大开的大数据应用项目。2016年4月，决赛在北大元培学院俄文楼召开，学生们带来的创意、项目和作品，给大家带来的震撼程度甚至超过涂子沛在书中提到的美国的大赛。

产学媒研用融合，通过大数据应用，主要把产业界和学界，特别是科学研究、人才培育融合起来。这，就是俱乐部各方的共识。

大赛之后，由鄂维南院士作为学术发起人、温智敏作为企业界召集人的大数据俱乐部正式启动了筹建。新近加入俱乐部的成员是清华大学经管学院中国金融研究中心（CCFR）。据CCFR秘书长许小青介绍，作为以金融学研究为核心、连接学界、业界和监管部门的平台，CCFR也早已借助经管学院的平台资源，在大数据金融研究方面进行布局，吸引国内外金融研究人员进行相关课题研究，并在建设一个国际一流水平的开放式研究平台。

目前，俱乐部下设了智能金融论坛。

From Hypes to Reality。广发证券的FinTech代表性人物梁启鸿，这位前雅虎技术大牛的一句话，让人印象深刻。组建大数据俱乐部，所有联合发起人都有一个共识，就是Reality比Hypes重要，推动大数据健康、务实发展，让大数据给行业、给生活带来惊喜，带来更多广泛而有价值的应用。为此，俱乐部应该成为一个非常精干的组织，有严格的准入门槛。

随着智能投顾的发展，人们都开始注意到一个问题，那就是如何去了解你的客户。假如把多个大数据源打通，基于此构建一个金融用户的大数据画像模型，提供一个接口给各个理财平台或机构，让财富管理真的具备私人医生望闻问切的水准，这是一件很有想象力的事情，也正是智能投顾的智之所在。

这里面自然涉及非常多的问题，比如利益关系的处理、技术的处理，不一而足。但推动社会进步的，不正是这些未知的X吗？“For solution, Start with X”，这句Xtecher曾经使用过的slogan，如今，正是大数据淘金者的座右铭。

大数据俱乐部是一个团体，也是本书所述中国FinTech画像的一个缩影。虽然FinTech只是大数据应用的一个领域，但是走在创新之路上的人们，他们的愿景和故事，都是相似的，他们面临的困难，也大同小异。

行书至此，中国FinTech之路的第一部分，大数据金融的缩影即将告一段落，而大数据的应用、FinTech的中国之路，才刚刚揭开大幕。

翻开桌面的《传习录》，心学大师王阳明有一段教诲：

“立志用功如种树然，方其有根芽，犹未有干，及其有干，尚未有枝，枝而后叶，叶而后花、实。初种根时，只管栽培灌溉，勿作枝想，勿作叶想，勿作实想——悬想何益！但不忘栽培之功，怕没有枝叶花实！”

与所有大数据、FinTech的创新创业者共勉。

日子有功，但问栽培。

后记　金钱永不眠

一个是"70后"传统基金经理，一个是"80后"量化基金经理，从林和夏高都在资本市场上交出了亮眼的成绩表。在丛林作为360股票负责人为第一期模拟炒股大赛选手颁奖以后，他们坐在了一起，聊基金，聊策略，聊投资者，聊未来。虽然他们有着世代（generation）的差别，但这两位学霸对于FinTech的未来，有着一致的看法。

夏高：嘿，丛总，终于见面了。我看到模拟炒股大赛的结果了，牛人们很牛啊，10个交易日超过40%，在今年这种震荡市场里，比很多基金经理牛多了。

丛林：比咱们都牛啊，我们是不是要失业了？（笑）第一名是个网管，他是在我们的股票社区跟投的，有一些意见来自牛人直播。这是新的金融技术（FinTech）啊，过去不可想象的，但是就发生了。我们基金经理不都是埋头苦干么，交易时间连手机都得交上去，跟苦行僧似的，可人家就是通过互联网交流做到了，互相都不认识，一起赚钱。我一开始也不理解，开盘的时候眼睛盯着K线都不够用，哪还有工夫看直播聊天？但是结果摆在那儿，互联网改变了投资者行为。

夏高：他的跟投对象也许还是传统金融业者，FinTech、人工智能的背后还是人吧。

丛林：我也觉得是。你肯定也记得，咱们共同认识的同行、原来大摩华鑫基金的张靖，做的多因子基金前几年的业绩真的很不错。我对量化投资的了解不算很全面，但我觉得他的多因子模型成功，还是靠背后的人，机器不会自动生成那些因子吧？把因子配给机器的始终是人。可以这样说，其实每个人脑海中都有一个多因子模型，包括散户和基金经理。信奉价值投资的基金经理会选择估值低、基本面较好的股票，也许还会考虑过去一段时间的涨跌幅，这就涉及了3个因子，然后选择上述三个方面表现都不错的股票买入。股票多因子量化投资就是将上述人脑决策过程写成程序。

所以我不觉得传统基金经理会失业，但是肯定要不断学习新的金融科技，即便不会编程，也要知道机器的运行原理，否则将来面对看不见的对手，制胜的难度会加大。

夏高：是的，大脑考虑不了10个以上的因子，而模型具有超过100个的候选因子，一般来说因子越多、互补性越强就越稳定。电脑还可以将过去10年甚至更长时间的海量历史数据输入模型，进行回溯测试（backtest），以探知模型的收益以及风险。而且进行决策和交易的大部分时间不需要人为干预，排除了个人情感因素的干扰，这也使得风险控制方面更加果断和迅速。

量化基金经理在某些方面的压力相对你们来说小一些，像我的基金，成分股有100个，其他很多策略的成分股有几百个，风险更加分散，面对不利的行情更加容易应对一些。

丛林：没错，尤其流动性压力。我建仓，必须考虑三个交易日能够全部退出来。像去年“股灾”那种情况，我如果还在做基金经理，就必须要果断减仓啊，还得判断市场是会持续下跌，还是累积上涨之后的正常回调。一旦判断市场走熊，我就得马上剁，可是我们不像散户，集合竞价阶段以我们的仓位规模是跑不出去的，开盘就得比手快，因为我不剁，别人剁，别人剁了我没剁，我就难受了。

不过我主张任何基金经理都得要经历资金大进大出的那一幕。如果你管过很多基金，从来没尝试在别人极端恐惧时重仓买入，在别人极度疯狂时果断卖出，很难成为一个能长期抗战的基金经理，尤其在中国这样大起大落的市场很难取得佳绩。

夏高：是的，在大起大落的市场一旦把握不好节奏，基金净值就容易回撤。而一旦回撤，投资者和销售渠道都受不了，所以我们公募量化基金需要考虑在选股之上加入熨平策略，尽量降低回撤。从业那么多年，我认为公募基金才是真正的普惠金融。过往十年，国内公募股票型基金的年均回报达到了23%，远远超过私募和银行理财产品的平均水平。但公募基金确实应该更多更好地运用FinTech。平心而论，量化基金经理的压力小一些的原因之一，就是因为他们手中的工具比传统基金经理多。

丛林：公募基金是中国目前唯一真正做到把合适的产品卖给合适的投资者的资产管理行业，它绝对是真正的普惠金融。但投资者心理脆弱是个很大的障碍。我反对他们把公募基金当成股票来炒。基金是个需要长期持有的品种，想短线获利的投资者，还是放弃这个品种的好。

基金经理压力确实太大，我有以前的同事，年纪轻轻身体就各种毛病。没办法，每天拼净值、拼排名，遇到股灾，净值下跌的压力和流动性的压力能让人彻夜难眠。他们对基民的痛苦感同身受，甚至可能比基民更加痛苦一些。这一点封闭式基金的基金经理确实幸福多了，没了流动性压力，心理波动没那么大，长期投资业绩能更好。

夏高：所以机器代替人做投资还是有明显好处的。（笑）人要吃饭要睡觉有喜怒哀乐，机器不用。从国外成熟市场的发展历程看，公募基金越来越倾向于发展指数化产品，同时更加注重利用先进的金融科技和量化技术来进行更有效率的主动管理。

丛林：金钱永不眠，全世界的人都想提高投资效率，减小对人的损害，所以机器不睡觉肯定有优势（笑）。对于普罗大众来说，最好就是能选个好的投资标的，买进去，少操作甚至零操作，以复利效应跑赢股神巴菲特。基金经理和所有人一样，要学会把投资收益拉长到一生来看。这个收益不单是金钱，还有幸福感，还有你和这个世界的关系。

附：丛林简历

——于中国人民大学商学院取得学士学位，于英国布里斯托大学取得经济、金融与管理硕士学位。

——2005年起在华西证券、安信证券从事研究工作。2010年起在景顺长城基金历任研究员、基金经理。2012年11月加入博时基金管理有限公司，曾任裕隆证券投资基金基金经理、博时裕隆灵活配置混合型证券投资基金基金经理。从业以来所管理投资业绩在业内稳居TOP5%，2012年至2013年管理的基金业绩在同类297只基金中排名14，2014年至2015年上半年，其所管理的基金在同类403只基金中排名37，是博时同期业绩最好的基金经理。

——现任你财富副总裁，分管证券和基金业务，创设360股票产品，上线一个月已聚集百万用户，用户活跃度近50%。

360互联+大事记

● 2015年5月，大成基金管理有限公司与你财富筹备研发互联网+大数据指数和基金。

● 2015年5月底，中证指数有限公司确认支持本项目。

● 2015年7月17日，中证指数有限公司公告宣布指数将发布。

● 2015年8月10日，中证正式发布“中证360互联网+大数据100指数”（简称“360互联+”，指数代码930734），成为国内第一只互联网+行业大数据指数。

● 2015年11月17日，中国证监会核准大成中证360互联网+大数据100指数型证券投资基金募集（基金代码002236，中国证监会证监许可【2015】2644号[1]）。

● 2016年1月11日至2016年1月29日，基金募集。

● 2016年2月3日，向中国证监会办理基金备案手续获得书面确认，基金合同生效，募集资金划入基金托管专户。

● 2016年3月，360互联网+大数据指数基金荣获中国科学院《互联网周刊》中国社会科学院信息化研究中心“2015年度产品（智慧金融类）奖”。

● 2016年5月4日，360互联网+大数据指数基金自成立以来涨幅达

[1] 中国证监会的核准并不代表中国证监会对该基金的风险和收益做出实质性判断、推荐或者保证。

8%，跻身2016年新发偏股型基金TOP 10。同期创业板指数上涨6.54%，中证500指数上涨10.44%，沪深300指数上涨8.38%。

● 2016年6月3日，基金净值为1.094元，成立以来收益率9.4%，在2016年新发行的偏股型基金中排名第7。同期创业板指数上涨6.25%，中征500指数上涨7.98%，沪深300上涨7.7%。

● 2016年6月30日，基金净值达到1.165元，成立以来收益率16.5%，在2016年新发行的偏股型基金中排名第5。同期创业板指数上涨7.35%，中证500指数上涨9.61%，沪深300指数上涨6.50%。

● 2016年二季度中，360互联+基金上涨13.99%，同期在13只大数据基金中排名第1，在全市场628只股票基金（银河证券分类）中排名第10。同期创业板指数下跌0.47%，中证500指数下跌0.53%，沪深300指数下跌1.99%。

● 2016年9月8日，以收盘价计算，360互联+指数已经超越2015年6月的高点，成为当时第一只也是唯一一只创出历史新高的大数据指数。当日360互联+基金净值达到1.249元，成立以来收益率24.9%，在2016年新发行的偏股型基金中排名第2。同期创业板指数上涨7.14%，中证500指数上涨16.67%，沪深300指数上涨12.77%。

● 2016年10月25日，基金净值再创新高，达到1.256元，成立以来累计涨幅达到25.6%。

● 2016年11月19日，在由清华大学五道口金融学院、《清华金融评论》和量化全球（北京）科技有限公司联合主办的第二届全球量化金融峰会上，大成360互联网+大数据基金荣获2016中国量化投资风云榜“金矿奖”产品创新奖。

● 本书于2016年9月初开始写作，书中主要数据均截至9月8日。当本书即将付梓之时，在2016年11月22日，360互联+基金的净值达到1.286

元，成立以来收益率28.6%，再创新高。同期创业板指数4.93%，中证500指数上涨19.24%，沪深300指数上涨17.12%。

● 2016年11月30日，在由清华大学经济管理学院主办的清华金融科技论坛暨首届中国金融品牌“紫荆花”奖颁奖典礼上，大成360互联网+大数据基金获得创新网络金融产品奖。中国金融品牌“紫荆花”奖由清华经管中国金融研究中心、清华经管互联网发展与治理研究中心、新浪财经和英凡研究院联合发起，本次评选共设9个奖项，360互联+基金是唯一一个获奖的证券和基金业产品。

基金的过往业绩并不预示其未来表现，基金投资需谨慎。

鸣 谢

谨以此篇鸣谢为大成中证360互联网+大数据100指数基金作出贡献的以下人士，排名不分先后（按姓氏拼音排序）。

丛林：在最艰难的市场环境中，提出最苛刻的要求与建议。

高贵鑫：给予指数编制和基金产品报会、获批与发行等多方面的指导，一并鸣谢大成基金数量与指数投资部总监黎新平博士、副总监苏秉毅、基金经理张钟玉（中证雪球社交投资精选大数据指数设计者）。

黄晓彬：壮怀激烈、满腔情怀、贴地飞行的金融学博士，全程负责基金产品方面的工作。

黄旭：瑞银合规官和中金投行法务掌舵人出身的他，确保了基金从认购到销售到宣传等全程的法务顺畅和合规。

刘怡：空姐出身的客服老大，每一个用户对360互联+基金的反馈都追问和跟进，能因为用户的一个反馈和十来个部门leader“死磕”直到解决用户问题为止。

蔺新：在腾讯、阿里和360都留下倩影的资深互联网产品经理，支持搜索数据完善指数模型。

庞亚平：中证指数公司本项目对接联络人。

彭可飞：一个风一样的移动互联网产品经理，对大数据指数基金的H5和App展现追求到极致。

宋楠：追求细节到每一个字眼的表达，对双方合作合同的把控近乎严苛，完美的细节追求确保了后来合作双方全程无任何摩擦。

徐启伟：证券行业出身的PC端互联网产品经理，对大数据指数基金的PC页面死活抠细节到UI、FE、RD、OP、QA们都抓狂。

王程旭：中国人民大学财金学院科班出身，新浪基金的元老级人物，整个指数的合作、销售细节等细抠到每一行字。

汪永进：一如既往的靠谱男，多任务并行完成殷勤回溯，完成数据与指数模型的配合对接。

温智敏：项目组带头大哥，提出了“互联网+”这一垂直方向，提供了许多宝贵建议和精神激励。

吴镇博：催化你财富诞生的“接生婆”，互联网金融投资圈几乎没有他没看过的大项目。

张明月：资深新媒体运营者，财经热文的好手，360互联网+大数据指数基金的微博、微信等宣传开路先锋和美容师。

张帅：帅气技术男，项目组数据库的引擎对接，为产品提供了不可或缺的数据基础。

赵海宇：新加坡归来的小辣妹，雷厉风行，后期负责项目管理和宣传、销售对接。

赵永刚：给予指数编制的专业指导。

郑小兰：与团队王玥、朱丹、邓小波、汪冰冰等，为产品的宣传提供了许多有创意的方案和素材。

周鸿祎：最苛刻的产品经理，提了最有建设性的要求——别自嗨。

周健男：带队拜访周鸿祎，正式敲定了合作，全程给予项目组关心和帮助。

大成市场团队全体成员：陈思佳、崔鹏、郭雅琴、侯军广、黄青青、李鸿志、梅文辉、阮艺力、任冰、盛珊、王为开、王洋、徐文浩、杨晨柳、郑琳娜以及所有为基金发行呕心沥血的同事，熔断下的首发，来之不易。

360团队：蔡帅、陈杰、程叶坚、丁迎辉、段萍、方鑫、方旭、冯扬、傅志华、郭茜、郭延峥、韩友强、侯栓燕、黄灿、康博文、李富钦、李冠军、李涓、李伟光、李铮、刘佳、刘峻、刘威、刘赢男、吕爱萍、牟斌、钱军、秦培、秦雪松、曲冰、史化宇、石晓虹、孙明月、陶琳、王瑾、王伟、王艳丽、汪忠超、吴迪、巫倩云、吴伟、谢军样、徐善、杨康、杨楠、曾路、翟政、赵晶、张明珠、张薇、张雅婷、张云剑、郑文波、周浩、周旭、朱昀。

仅以此书献给我们的孩子和家人！